反间谍法学习
百问百答

中国法制出版社

目 录

第一章 总 则

1. 《反间谍法》的立法目的和依据是什么？ …… 1
2. 什么是国家安全？ ………………………… 1
3. 国家安全包括哪些基本内容？ …………… 2
4. 国家安全工作的总要求是什么？ ………… 2
5. 反间谍工作坚持怎样的工作方针？ ……… 2
6. 什么是总体国家安全观？ ………………… 3
7. 反间谍工作如何依法进行？ ……………… 4
8. 什么是间谍行为？ ………………………… 4
9. 什么是"境外机构、组织""境外个人"？ ……………………………………… 5

10. 什么是"间谍组织代理人"? ……………… 6

11. 什么是"敌对组织"? …………………… 6

12. 什么是"资助"实施危害中华人民共和国国家安全的间谍行为? ………… 7

13. 什么是"勾结"实施危害中华人民共和国国家安全的间谍行为? ………… 7

14. 未经批准,可以对军事禁区、军事管理区进行摄影、摄像吗? …………… 8

15. 国家安全机关、公安机关防范、制止、惩治间谍行为以外的其他危害国家安全行为时,可以适用《反间谍法》吗? … 9

16. 什么是"间谍行为以外的其他危害国家安全行为"? ……………………… 10

17. 间谍组织及其代理人在中国从事针对第三国的间谍活动的,适用《反间谍法》吗? ………………………… 11

18. 反间谍工作协调机制如何发挥作用? … 12

19. 哪些部门应当做好反间谍工作? ………… 12
20. 哪些主体有防范、制止间谍行为的义务? ……………………………………… 12
21. 如何提高个人和组织支持、协助反间谍工作的积极性、主动性? ………… 13
22. 哪些情形属于在反间谍工作中作出"重大贡献"? ……………………… 15
23. 国家安全机关及其工作人员在反间谍工作中有哪些履职要求? ………… 16

第二章 安全防范

24. 哪些主体应当做好反间谍安全防范工作? ……………………………………… 18
25. 行业主管部门应当履行哪些反间谍安全防范监督管理责任? ………… 19
26. 单位落实反间谍安全防范主体责任,应当履行哪些义务? ………… 20

27. 如何开展反间谍安全防范宣传教育? …… 21

28. 国家安全机关如何对单位落实反间谍安全防范责任进行指导? …… 23

29. 在反间谍工作中,公民和组织应当履行哪些义务? …… 24

30. 公民和组织如何举报间谍行为和其他危害国家安全的行为? …… 25

31. 在国家情报工作中,公民和组织应当履行哪些义务? …… 26

32. 在保守国家秘密工作中,公民和组织应当履行哪些义务? …… 26

33. 互联网及其他公共信息网络运营商、服务商如何配合有关部门调查泄密案件? …… 27

34. 如何建立反间谍安全防范重点单位管理制度? …… 27

目 录

35. 反间谍安全防范重点单位还应当履行哪些反间谍安全防范义务? ……………… 28

36. 关键信息基础设施运营者还应当履行哪些反间谍安全防范义务? ……………… 30

37. 反间谍安全防范重点单位如何加强对涉密人员的教育和管理? ………………… 31

38. 反间谍安全防范重点单位如何加强日常安全防范管理? …………………………… 32

39. 反间谍安全防范重点单位如何加强反间谍技术防范? …………………………… 34

40. 对涉及国家安全事项的建设项目如何实行许可制度? …………………………… 35

41. 如何指导有关单位落实反间谍技术防范措施? ………………………………………… 36

42. 什么情形下,国家安全机关可以对有关单位开展反间谍安全防范检查? ……… 36

43. 国家安全机关可以采取哪些方式开展反间谍安全防范检查? ……………… 37

44. 国家安全机关可以对有关单位的相关场所、内部设备设施、计算机网络及信息系统、关键信息基础设施等开展反间谍技术防范检查检测吗? ………… 38

45. 国家安全机关可以采取哪些方式开展反间谍技术防范检查检测? ……… 38

46. 国家安全机关开展反间谍技术防范检查检测应当履行什么程序? ………… 39

47. 国家安全机关在开展反间谍技术防范检查检测中,为防止危害发生或者扩大,可以采取什么措施? ………… 40

48. 国家安全机关如何督促被检查单位落实反间谍安全防范责任和义务? ……… 40

第三章　调查处置

49. 国家安全机关工作人员依法执行反间谍工作任务时，可以查验公民身份证明、查看随带物品吗？ …………… 41

50. 国家安全机关工作人员依法执行反间谍工作任务时，可以查验有关个人或组织的电子设备吗？ …………… 42

51. 国家安全机关工作人员依法执行反间谍工作任务时，可以查封、扣押有关个人或组织的电子设备吗？ …………… 42

52. 国家安全机关工作人员依法执行反间谍工作任务时，可以查阅、调取有关文件、数据、资料、物品吗？ …………… 43

53. 国家安全机关工作人员如何依法传唤？ … 44

54. 国家安全机关调查间谍行为，可以检查有关人身、物品、场所吗？ …………… 45

55. 国家安全机关调查间谍行为,可以查询嫌疑人员的财产信息吗? ·················· 45

56. 国家安全机关调查间谍行为,可以查封、扣押、冻结有关场所、设施或者财物吗? ························· 46

57. 国家安全机关工作人员在反间谍工作中采取查阅、调取、传唤、检查、查询、查封、扣押、冻结等措施时,应当履行哪些手续? ·················· 46

58. 在国家安全机关调查了解有关间谍行为的情况、收集有关证据时,有关个人和组织应当如何配合? ·················· 47

59. 对出境后可能对国家安全造成危害的中国公民,可以不准其出境吗? ············ 47

60. 对入境后可能进行危害中国国家安全的境外人员,可以不准其入境吗? ·········· 48

61. 移民管理机构如何配合执行国家安全机关不准出境或者入境的措施? ············ 48

62. 国家安全机关发现涉及间谍行为的网络信息内容或者网络攻击等风险的，如何处理? 49

63. 什么情形下可以采取技术侦察措施和身份保护措施? 50

64. 违反《反间谍法》，涉嫌犯罪，如何对有关事项是否属于国家秘密或者情报进行鉴定? 51

65. 什么是国家秘密? 51

66. 国家秘密分为几级? 52

67. 间谍行为涉嫌犯罪的，如何立案侦查? ... 53

第四章 保障与监督

68. 物流运营单位、电信业务经营者、互联网服务提供者如何为反间谍工作提供支持和协助? 54

69. 国家安全机关工作人员执行紧急任务时，能享有通行便利吗? 54

70. 国家安全机关工作人员依法执行任务时，进入有关场所、单位应当履行什么程序? …………………… 55

71. 国家安全机关在反间谍工作中，可以优先使用或者依法征用交通工具、通信工具、场地、建筑物吗? ………… 55

72. 海关、移民管理等检查机关可以对进行反间谍工作的国家安全机关提供哪些便利? ……………………………… 56

73. 因执行或协助执行反间谍工作任务，本人或者其近亲属的人身安全受到威胁的，国家安全机关应当采取什么措施? ………………………………………… 56

74. 个人和组织因支持、协助反间谍工作导致财产损失的，能获得补偿吗? ……… 57

75. 对为反间谍工作作出贡献并需要安置的人员，如何妥善安置? …………… 58

76. 因开展或者支持、协助反间谍工作导致伤残或者牺牲、死亡的,如何给予抚恤优待? ·················· 58

77. 国家如何鼓励反间谍领域科技创新? ······ 59

78. 如何加强反间谍专业力量人才队伍建设? ··· 59

79. 国家安全机关如何执行内部监督和安全审查制度? ························· 59

80. 对国家安全机关及其工作人员超越职权、滥用职权等违法行为,如何检举、控告? ································ 60

第五章 法律责任

81. 实施或者指使、资助他人实施间谍行为,构成犯罪的,应当承担什么刑事责任? ································ 61

82. 实施或者指使、资助他人实施间谍行为,尚不构成犯罪的,应当承担什么法律责任? ···························· 62

83. 对军事禁区、军事管理区非法进行摄影、摄像的,如何处理? ……… 64

84. 对军事禁区、军事管理区非法进行摄影、摄像,尚不构成犯罪的,应当承担什么法律责任? ……… 64

85. 实施间谍行为,有自首、立功表现的,如何从宽处罚? ……… 66

86. 哪些情形属于有"立功表现""重大立功表现"? ……… 67

87. 在境外受胁迫或者受诱骗参加间谍组织、敌对组织,从事危害中国国家安全的活动的,在什么情形下可以不予追究? ……… 68

88. 有关单位未依法履行反间谍安全防范义务的,应当如何处理? ……… 68

89. 违反国家安全事项建设项目许可制度的,应当承担什么法律责任? ……… 69

目 录

90. 物流运营单位、电信业务经营者、互联网服务提供者未依法履行支持和协助义务的,应当承担什么法律责任? …… 70

91. 有关个人和单位拒不配合数据调取的,应当承担什么法律责任? ………… 70

92. 不履行维护国家安全义务或者从事危害国家安全活动的,应当承担什么法律责任? ………………………………… 71

93. 泄露国家秘密,拒不配合调查,阻碍国家安全机关执行任务,掩饰、隐瞒涉案财物,打击报复的,应当承担什么法律责任? ……………………………… 72

94. 阻碍国家情报工作机构及其工作人员依法开展情报工作的,应当承担什么法律责任? ………………………… 73

95. 明知是间谍犯罪行为的涉案财物而掩饰、隐瞒的,应当承担什么法律责任? … 73

96. 阻碍有关部门开展反间谍工作，构成犯罪的，应当承担什么法律责任? ……… 74

97. 拒绝提供间谍犯罪证据，情节严重的，应当承担什么法律责任? ……………… 75

98. 对支持、协助反间谍工作的个人和组织打击报复，构成犯罪的，应当承担什么法律责任? …………………………… 75

99. 有关单位不认真履行反间谍安全防范责任和义务的，应当承担什么法律责任? … 76

100. 泄露与国家情报工作有关的国家秘密的，应当承担什么法律责任? ………… 78

101. 非法获取、持有属于国家秘密的文件、数据、资料、物品的，应当承担什么法律责任? …………………………… 78

102. 什么是"非法持有属于国家秘密的文件、资料和其他物品"? ……………… 81

103. 什么是"专用间谍器材"? ……………… 82

104. 非法生产、销售、持有、使用专用间谍器材的,应当承担什么法律责任? ⋯ 82

105. 国家安全机关对依法查封、扣押、冻结的财物,应当如何处理? ⋯⋯⋯⋯ 83

106. 哪些情形下,对涉案财物应当依法追缴、没收、消除隐患? ⋯⋯⋯ 84

107. 对于因实施间谍行为获取的利益,应当如何处理? ⋯⋯⋯⋯⋯⋯⋯⋯ 84

108. 国家安全机关依法收缴的罚款以及没收的财产应当如何处理? ⋯⋯⋯⋯ 85

109. 境外人员违反《反间谍法》的,应当如何处理? ⋯⋯⋯⋯⋯⋯⋯⋯⋯ 85

110. 国家安全机关作出行政处罚决定的,应当履行什么程序? ⋯⋯⋯⋯⋯⋯ 86

111. 当事人对行政处罚、行政强制措施、行政许可决定不服的,如何救济? ⋯⋯ 86

112. 国家安全机关工作人员有滥用职权、玩忽职守、徇私舞弊、非法拘禁、刑讯逼供等行为的,应当承担什么法律责任? ……………… 87

典型案例

1. 航天领域专家被境外间谍情报机关拉拢策反 ……………… 89

2. 军工专家出国期间被境外间谍组织策反叛变 ……………… 91

3. 公职人员被境外间谍组织拉拢腐蚀,出卖国家秘密 ……………… 94

4. 妻子被境外"完美男人"策反,夫妻双双掉入"陷阱" ……………… 96

5. 机场工作人员为间谍组织提供政府机关重要人员行程信息 ……………… 100

6. 在校生为境外人员搜集、拍摄涉军装备及部队位置信息 ……………… 101

7. 婚纱摄影师为境外人员远景拍摄军港周边停泊军舰 …………………………… 102

8. 黄某某为境外人员搜集军港内军舰信息 … 104

9. 餐厅老板故意泄露国家安全机关工作秘密 … 105

10. 为境外间谍情报机关拍摄港区部队情况，自首从轻处罚 …………………… 106

11. 做兼职拍照可能泄露国家机密 ………… 108

12. 认清网络伪装背后的危害国家安全违法犯罪 ………………………………… 111

13. 境外非政府组织借故审核企业搜集危害国家安全信息 …………………… 113

14. 警惕境外人员在海参养殖圈内安装的非法窃密设备 …………………………… 115

15. 渔民捕捞发现境外间谍装置，主动报告可获奖励 …………………………… 117

16. 公民自觉主动举报危害国家安全线索免于处罚 ……………………………… 120

第一章 总 则

1. 《反间谍法》的立法目的和依据是什么？

《反间谍法》第一条规定，为了加强反间谍工作，防范、制止和惩治间谍行为，维护国家安全，保护人民利益，根据宪法，制定本法。

2. 什么是国家安全？

《国家安全法》第二条规定，国家安全是指国家政权、主权、统一和领土完整、人民福祉、经济社会可持续发展和国家其他重大利益相对处于没有危险和不受内外威胁的状态，以及保障持续安全状态的能力。

3. 国家安全包括哪些基本内容?

国家安全包括政治安全、国土安全、军事安全、经济安全、文化安全、社会安全、科技安全、网络安全、生态安全、资源安全、核安全、海外利益安全、生物安全、太空安全、极地安全、深海安全等基本内容。

4. 国家安全工作的总要求是什么?

《国家安全法》第三条规定,国家安全工作应当坚持总体国家安全观,以人民安全为宗旨,以政治安全为根本,以经济安全为基础,以军事、文化、社会安全为保障,以促进国际安全为依托,维护各领域国家安全,构建国家安全体系,走中国特色国家安全道路。

5. 反间谍工作坚持怎样的工作方针?

《反间谍法》第二条规定,反间谍工作坚持党中央集中统一领导,坚持总体国家安全观，坚持公开工作与秘密工作相结合、专门工作与群众路线相结合，坚持积极防御、依法惩治、标本兼治，筑牢国家安全人民防线。

6. 什么是总体国家安全观？

2014年4月15日，习近平总书记在中央国家安全委员会第一次会议上创造性提出总体国家安全观。

总体国家安全观涵盖政治、军事、国土、经济、金融、文化、社会、科技、网络、粮食、生态、资源、核、海外利益、太空、深海、极地、生物、人工智能、数据等诸多领域。贯彻总体国家安全观，要以人民安全为宗旨，以政治安全为根本，以经济安全为基础，以军事、科技、文化、社会安全为保障，以促进国际安全为依托，统筹发展和安全，统筹开放和安全，统筹传统安全和非传统安全，统筹自身安全和共同安全，统筹维护国家安全和塑造国家安全。[①]

7. 反间谍工作如何依法进行？

《反间谍法》第三条规定，反间谍工作应当依法进行，尊重和保障人权，保障个人和组织的合法权益。

8. 什么是间谍行为？

根据《反间谍法》第四条第一款的规定，间谍行为，是指下列行为：

（1）间谍组织及其代理人实施或者指使、资助他人实施，或者境内外机构、组织、个人与其相勾结实施的危害中华人民共和国国家安全的活动；

（2）参加间谍组织或者接受间谍组织及其代理人的任务，或者投靠间谍组织及其代理人；

---

① 《全面贯彻落实总体国家安全观》，载《人民日报》2022年9月20日，第9版。

第一章 总 则

（3）间谍组织及其代理人以外的其他境外机构、组织、个人实施或者指使、资助他人实施，或者境内机构、组织、个人与其相勾结实施的窃取、刺探、收买、非法提供国家秘密、情报以及其他关系国家安全和利益的文件、数据、资料、物品，或者策动、引诱、胁迫、收买国家工作人员叛变的活动；

（4）间谍组织及其代理人实施或者指使、资助他人实施，或者境内外机构、组织、个人与其相勾结实施针对国家机关、涉密单位或者关键信息基础设施等的网络攻击、侵入、干扰、控制、破坏等活动；

（5）为敌人指示攻击目标；

（6）进行其他间谍活动。

9. 什么是"境外机构、组织""境外个人"？

《反间谍法实施细则》第三条规定，《反间谍法》所称"境外机构、组织"包括境外机构、组织在中华人民共和国境内设立的分支

(代表)机构和分支组织;所称"境外个人"包括居住在中华人民共和国境内不具有中华人民共和国国籍的人。

10. 什么是"间谍组织代理人"?

《反间谍法实施细则》第四条规定,《反间谍法》所称"间谍组织代理人",是指受间谍组织或者其成员的指使、委托、资助,进行或者授意、指使他人进行危害中华人民共和国国家安全活动的人。间谍组织和间谍组织代理人由国务院国家安全主管部门确认。

11. 什么是"敌对组织"?

《反间谍法实施细则》第五条规定,《反间谍法》所称"敌对组织",是指敌视中华人民共和国人民民主专政的政权和社会主义制度,危害国家安全的组织。敌对组织由国务院国家安全主管部门或者国务院公安部门确认。

12. 什么是"资助"实施危害中华人民共和国国家安全的间谍行为?

《反间谍法实施细则》第六条规定,《反间谍法》所称"资助"实施危害中华人民共和国国家安全的间谍行为,是指境内外机构、组织、个人的下列行为:

(1)向实施间谍行为的组织、个人提供经费、场所和物资的;

(2)向组织、个人提供用于实施间谍行为的经费、场所和物资的。

13. 什么是"勾结"实施危害中华人民共和国国家安全的间谍行为?

《反间谍法实施细则》第七条规定,《反间谍法》所称"勾结"实施危害中华人民共和国国家安全的间谍行为,是指境内外组织、个人的下列行为:

(1)与境外机构、组织、个人共同策划或

者进行危害国家安全的间谍活动的；

（2）接受境外机构、组织、个人的资助或者指使，进行危害国家安全的间谍活动的；

（3）与境外机构、组织、个人建立联系，取得支持、帮助，进行危害国家安全的间谍活动的。

14. 未经批准，可以对军事禁区、军事管理区进行摄影、摄像吗？

《军事设施保护法》第十七条规定，禁止陆地、水域军事禁区管理单位以外的人员、车辆、船舶等进入军事禁区，禁止航空器在陆地、水域军事禁区上空进行低空飞行，禁止对军事禁区进行摄影、摄像、录音、勘察、测量、定位、描绘和记述。但是，经有关军事机关批准的除外。禁止航空器进入空中军事禁区，但依照国家有关规定获得批准的除外。使用军事禁区的摄影、摄像、录音、勘察、测量、定位、描绘和记述资料，应当经有关军事机关批准。

第二十二条规定,军事管理区管理单位以外的人员、车辆、船舶等进入军事管理区,或者对军事管理区进行摄影、摄像、录音、勘察、测量、定位、描绘和记述,必须经军事管理区管理单位批准。

第二十八条第三款规定,禁止私自开启封闭的作战工程,禁止破坏作战工程的伪装,禁止阻断进出作战工程的通道。未经作战工程管理单位师级以上的上级主管军事机关批准,不得对作战工程进行摄影、摄像、录音、勘察、测量、定位、描绘和记述,不得在作战工程内存放非军用物资器材或者从事种植、养殖等生产活动。

15. 国家安全机关、公安机关防范、制止、惩治间谍行为以外的其他危害国家安全行为时,可以适用《反间谍法》吗?

《反间谍法》第七十条规定,国家安全机

关依照法律、行政法规和国家有关规定，履行防范、制止和惩治间谍行为以外的危害国家安全行为的职责，适用本法的有关规定。公安机关在依法履行职责过程中发现、惩治危害国家安全的行为，适用本法的有关规定。

16. 什么是"间谍行为以外的其他危害国家安全行为"？

根据《反间谍法实施细则》第八条的规定，下列行为属于"间谍行为以外的其他危害国家安全行为"：

（1）组织、策划、实施分裂国家、破坏国家统一，颠覆国家政权、推翻社会主义制度的；

（2）组织、策划、实施危害国家安全的恐怖活动的；

（3）捏造、歪曲事实，发表、散布危害国家安全的文字或者信息，或者制作、传播、出版危害国家安全的音像制品或者其他出版物的；

（4）利用设立社会团体或者企业事业组织，进行危害国家安全活动的；

（5）利用宗教进行危害国家安全活动的；

（6）组织、利用邪教进行危害国家安全活动的；

（7）制造民族纠纷，煽动民族分裂，危害国家安全的；

（8）境外个人违反有关规定，不听劝阻，擅自会见境内有危害国家安全行为或者有危害国家安全行为重大嫌疑的人员的。

17. 间谍组织及其代理人在中国从事针对第三国的间谍活动的，适用《反间谍法》吗？

《反间谍法》第四条第二款规定，间谍组织及其代理人在中华人民共和国领域内，或者利用中华人民共和国的公民、组织或者其他条件，从事针对第三国的间谍活动，危害中华人民共和国国家安全的,适用本法。

18. 反间谍工作协调机制如何发挥作用?

《反间谍法》第五条规定,国家建立反间谍工作协调机制,统筹协调反间谍工作中的重大事项,研究、解决反间谍工作中的重大问题。

19. 哪些部门应当做好反间谍工作?

《反间谍法》第六条规定,国家安全机关是反间谍工作的主管机关。公安、保密等有关部门和军队有关部门按照职责分工,密切配合,加强协调,依法做好有关工作。

20. 哪些主体有防范、制止间谍行为的义务?

《国家安全法》第十一条规定,中华人民共和国公民、一切国家机关和武装力量、各政党和各人民团体、企业事业组织和其他社会组织，都有维护国家安全的责任和义务。中国的主权和领土完整不容侵犯和分割。维护国家主权、统一和领土完整是包括港澳同胞和台湾同胞在内的全中国人民的共同义务。

《反间谍法》第七条规定，中华人民共和国公民有维护国家的安全、荣誉和利益的义务，不得有危害国家的安全、荣誉和利益的行为。一切国家机关和武装力量、各政党和各人民团体、企业事业组织和其他社会组织，都有防范、制止间谍行为，维护国家安全的义务。国家安全机关在反间谍工作中必须依靠人民的支持，动员、组织人民防范、制止间谍行为。

《反间谍法》第八条规定，任何公民和组织都应当依法支持、协助反间谍工作，保守所知悉的国家秘密和反间谍工作秘密。

21. 如何提高个人和组织支持、协助反间谍工作的积极性、主动性？

《反间谍法》第九条规定，国家对支持、

协助反间谍工作的个人和组织给予保护。对举报间谍行为或者在反间谍工作中做出重大贡献的个人和组织,按照国家有关规定给予表彰和奖励。

《反间谍安全防范工作规定》第二十条规定,对反间谍安全防范工作中取得显著成绩或者做出重大贡献的单位和个人,符合下列条件之一的,国家安全机关可以按照国家有关规定,会同有关部门、单位给予表彰、奖励:

(1)提供重要情况或者线索,为国家安全机关发现、破获间谍案件或者其他危害国家安全案件,或者为有关单位防范、消除涉及国家安全的重大风险隐患或者现实危害发挥重要作用的;

(2)密切配合国家安全机关执行任务,表现突出的;

(3)防范、制止间谍行为或者其他危害国家安全行为,表现突出的;

(4)主动采取措施,及时消除本单位涉及

国家安全的重大风险隐患或者现实危害，挽回重大损失的；

（5）在反间谍安全防范工作中，有重大创新或者成效特别显著的；

（6）在反间谍安全防范工作中做出其他重大贡献的。

《公民举报危害国家安全行为奖励办法》第七条规定，国家安全机关会同宣传主管部门，协调和指导广播、电视、报刊、互联网等媒体对举报危害国家安全行为的渠道方式、典型案例、先进事迹等进行宣传，制作、刊登、播放有关公益广告、宣传教育节目或者其他宣传品，增强公民维护国家安全意识，提高公民举报危害国家安全行为的积极性、主动性。

22. 哪些情形属于在反间谍工作中作出"重大贡献"？

根据《反间谍法实施细则》第十六条的规定，下列情形属于在反间谍工作中作出"重大贡献"：

（1）为国家安全机关提供重要线索，发现、破获严重危害国家安全的犯罪案件的；

（2）为国家安全机关提供重要情况，防范、制止严重危害国家安全的行为发生的；

（3）密切配合国家安全机关执行国家安全工作任务，表现突出的；

（4）为维护国家安全，与危害国家安全的犯罪分子进行斗争，表现突出的；

（5）在教育、动员、组织本单位的人员防范、制止危害国家安全行为的工作中，成绩显著的。

23. 国家安全机关及其工作人员在反间谍工作中有哪些履职要求？

《反间谍法》第十一条规定，国家安全机关及其工作人员在工作中，应当严格依法办事，不得超越职权、滥用职权，不得侵犯个人和组织的合法权益。国家安全机关及其工作人员依法履行反间谍工作职责获取的个人和组织的信息,只能用于反间谍工作。对属于国家秘密、工作秘密、商业秘密和个人隐私、个人信息的,应当保密。

第二章 安全防范

24. 哪些主体应当做好反间谍安全防范工作?

《反间谍法》第十二条规定,国家机关、人民团体、企业事业组织和其他社会组织承担本单位反间谍安全防范工作的主体责任,落实反间谍安全防范措施,对本单位的人员进行维护国家安全的教育,动员、组织本单位的人员防范、制止间谍行为。地方各级人民政府、相关行业主管部门按照职责分工,管理本行政区域、本行业有关反间谍安全防范工作。国家安全机关依法协调指导、监督检查反间谍安全防范工作。

《反间谍安全防范工作规定》第四条规定,机关、团体、企业事业组织和其他社会组织承担本单位反间谍安全防范工作的主体责任，应当对本单位的人员进行维护国家安全的教育，动员、组织本单位的人员防范、制止间谍行为和其他危害国家安全的行为。行业主管部门在其职权范围内，监督管理本行业反间谍安全防范工作。

《反间谍安全防范工作规定》第五条规定，各级国家安全机关按照管理权限，依法对机关、团体、企业事业组织和其他社会组织开展反间谍安全防范工作进行业务指导和督促检查。

25. 行业主管部门应当履行哪些反间谍安全防范监督管理责任？

《反间谍安全防范工作规定》第七条规定，行业主管部门应当履行下列反间谍安全防范监督管理责任：

（1）根据主管行业特点，明确本行业反间谍安全防范工作要求；

（2）配合国家安全机关制定主管行业反间谍安全防范重点单位名录、开展反间谍安全防范工作；

（3）指导、督促主管行业所属重点单位履行反间谍安全防范义务；

（4）其他应当履行的反间谍安全防范行业管理责任。

有关行业主管部门应当与国家安全机关建立健全反间谍安全防范协作机制，加强信息互通、情况会商、协同指导、联合督查，共同做好反间谍安全防范工作。

26. 单位落实反间谍安全防范主体责任，应当履行哪些义务？

《反间谍安全防范工作规定》第八条规定，机关、团体、企业事业组织和其他社会组织应当落实反间谍安全防范主体责任，履行下列义务：

（1）开展反间谍安全防范教育、培训，提

高本单位人员的安全防范意识和应对能力；

（2）加强本单位反间谍安全防范管理，落实有关安全防范措施；

（3）及时向国家安全机关报告涉及间谍行为和其他危害国家安全行为的可疑情况；

（4）为国家安全机关依法执行任务提供便利或者其他协助；

（5）妥善应对和处置涉及本单位和本单位人员的反间谍安全防范突发情况；

（6）其他应当履行的反间谍安全防范义务。

27. 如何开展反间谍安全防范宣传教育？

《反间谍法》第十三条规定，各级人民政府和有关部门应当组织开展反间谍安全防范宣传教育，将反间谍安全防范知识纳入教育、培训、普法宣传内容，增强全民反间谍安全防范意识和国家安全素养。新闻、广播、电视、文化、互联网信息服务等单位，应当面向社会有针对性地开展反间谍宣传教育。国家安全机关应当根据反间谍安全防范形势，指导有关单位开展反间谍宣传教育活动，提高防范意识和能力。

《反间谍安全防范工作规定》第十三条规定，国家安全机关运用网络、媒体平台、国家安全教育基地（馆）等，开展反间谍安全防范宣传教育。

《反间谍安全防范工作规定》第十四条规定，国家安全机关会同教育主管部门，指导学校向全体师生开展反间谍安全防范教育，对参加出国（境）学习、交流的师生加强反间谍安全防范行前教育和回国（境）访谈。

《反间谍安全防范工作规定》第十五条规定，国家安全机关会同科技主管部门，指导各类科研机构向科研人员开展反间谍安全防范教育，对参加出国（境）学习、交流的科研人员加强反间谍安全防范行前教育和回国（境）访谈。

《反间谍安全防范工作规定》第十六条规定,国家安全机关会同有关部门,组织、动员居(村)民委员会结合本地实际配合开展群众性反间谍安全防范宣传教育。

《反间谍安全防范工作规定》第十七条规定,国家安全机关会同宣传主管部门,协调和指导广播、电视、报刊、互联网等媒体开展反间谍安全防范宣传活动,制作、刊登、播放反间谍安全防范公益广告、典型案例、宣传教育节目或者其他宣传品,提高公众反间谍安全防范意识。

28. 国家安全机关如何对单位落实反间谍安全防范责任进行指导?

《反间谍安全防范工作规定》第十一条规定,国家安全机关可以通过下列方式,对机关、团体、企业事业组织和其他社会组织落实反间谍安全防范责任进行指导:(1)提供工作手册、指南等宣传教育材料;(2)印发书面指导意见；（3）举办工作培训；（4）召开工作会议；（5）提醒、劝告；（6）其他指导方式。

第十二条规定，国家安全机关定期分析反间谍安全防范形势，开展风险评估，通报有关单位，向有关单位提出加强和改进反间谍安全防范工作的意见和建议。

29. 在反间谍工作中，公民和组织应当履行哪些义务？

根据《反间谍法》第八条、第十四条至第十六条、第三十二条、第四十一条的规定，在反间谍工作中，公民和组织应当履行以下几个方面的义务：

（1）支持、协助义务。任何公民和组织都应当依法支持、协助反间谍工作，保守所知悉的国家秘密和反间谍工作秘密。国家安全机关依法调查间谍行为，邮政、快递等物流运营单位和电信业务经营者、互联网服务提供者应当提供必要的支持和协助。

（2）保守国家秘密义务。任何个人和组织都不得非法获取、持有属于国家秘密的文件、数据、资料、物品。

（3）禁止非法生产、销售、持有、使用专业间谍器材。任何个人和组织都不得非法生产、销售、持有、使用间谍活动特殊需要的专用间谍器材。

（4）举报义务。任何公民和组织发现间谍行为，应当及时向国家安全机关举报；向公安机关等其他国家机关、组织举报的，相关国家机关、组织应当立即移送国家安全机关处理。

（5）如实告知义务。在国家安全机关调查了解有关间谍行为的情况、收集有关证据时，有关个人和组织应当如实提供，不得拒绝。

30. 公民和组织如何举报间谍行为和其他危害国家安全的行为？

《反间谍安全防范工作规定》第十八条规定，公民、组织可以通过国家安全机关12339

举报受理电话、网络举报受理平台或者国家安全机关公布的其他举报方式,举报间谍行为和其他危害国家安全的行为,以及各类反间谍安全防范问题线索。

31. 在国家情报工作中,公民和组织应当履行哪些义务?

《国家情报法》第七条规定,任何组织和公民都应当依法支持、协助和配合国家情报工作,保守所知悉的国家情报工作秘密。国家对支持、协助和配合国家情报工作的个人和组织给予保护。

32. 在保守国家秘密工作中,公民和组织应当履行哪些义务?

《保守国家秘密法》第三条规定,国家秘密受法律保护。一切国家机关、武装力量、政党、社会团体、企业事业单位和公民都有保守国家秘密的义务。任何危害国家秘密安全的行为，都必须受到法律追究。

33. 互联网及其他公共信息网络运营商、服务商如何配合有关部门调查泄密案件？

《保守国家秘密法》第二十八条规定，互联网及其他公共信息网络运营商、服务商应当配合公安机关、国家安全机关、检察机关对泄密案件进行调查；发现利用互联网及其他公共信息网络发布的信息涉及泄露国家秘密的，应当立即停止传输，保存有关记录，向公安机关、国家安全机关或者保密行政管理部门报告；应当根据公安机关、国家安全机关或者保密行政管理部门的要求，删除涉及泄露国家秘密的信息。

34. 如何建立反间谍安全防范重点单位管理制度？

《反间谍法》第十七条规定，国家建立反间谍安全防范重点单位管理制度。反间谍安全防范重点单位应当建立反间谍安全防范工作制度,履行反间谍安全防范工作要求,明确内设职能部门和人员承担反间谍安全防范职责。

35. 反间谍安全防范重点单位还应当履行哪些反间谍安全防范义务?

《反间谍安全防范工作规定》第九条规定,国家安全机关根据单位性质、所属行业、涉密等级、涉外程度以及是否发生过危害国家安全案事件等因素,会同有关部门制定并定期调整反间谍安全防范重点单位名录,以书面形式告知重点单位。反间谍安全防范重点单位除履行本规定第八条规定的义务外,还应当履行下列义务:

(1) 建立健全反间谍安全防范工作制度;

(2) 明确本单位相关机构和人员承担反间谍安全防范职责;

(3) 加强对涉密事项、场所、载体、数据、岗位和人员的日常安全防范管理,对涉密人员实行上岗前反间谍安全防范审查，与涉密人员签订安全防范承诺书；

（4）组织涉密、涉外人员向本单位报告涉及国家安全事项，并做好数据信息动态管理；

（5）做好涉外交流合作中的反间谍安全防范工作，制定并落实有关预案措施；

（6）做好本单位出国（境）团组、人员和长期驻外人员的反间谍安全防范行前教育、境外管理和回国（境）访谈工作；

（7）定期对涉密、涉外人员开展反间谍安全防范教育、培训；

（8）按照反间谍技术安全防范标准，配备必要的设备、设施，落实有关技术安全防范措施；

（9）定期对本单位反间谍安全防范工作进行自查，及时发现和消除安全隐患。

36. 关键信息基础设施运营者还应当履行哪些反间谍安全防范义务？

《反间谍安全防范工作规定》第十条规定，关键信息基础设施运营者除履行本规定第八条规定的义务外，还应当履行下列义务：

（1）对本单位安全管理机构负责人和关键岗位人员进行反间谍安全防范审查；

（2）定期对从业人员进行反间谍安全防范教育、培训；

（3）采取反间谍技术安全防范措施，防范、制止境外网络攻击、网络入侵、网络窃密等间谍行为，保障网络和信息核心技术、关键基础设施和重要领域信息系统及数据的安全。

列入反间谍安全防范重点单位名录的关键信息基础设施运营者，还应当履行本规定第九条规定的义务。

37. 反间谍安全防范重点单位如何加强对涉密人员的教育和管理？

《反间谍法》第十八条规定，反间谍安全防范重点单位应当加强对工作人员反间谍安全防范的教育和管理，对离岗离职人员脱密期内履行反间谍安全防范义务的情况进行监督检查。

《保守国家秘密法》第三十五条第一款至第三款规定，在涉密岗位工作的人员（以下简称涉密人员），按照涉密程度分为核心涉密人员、重要涉密人员和一般涉密人员，实行分类管理。任用、聘用涉密人员应当按照有关规定进行审查。涉密人员应当具有良好的政治素质和品行，具有胜任涉密岗位所要求的工作能力。

《保守国家秘密法》第三十六条规定，涉密人员上岗应当经过保密教育培训，掌握保密知识技能，签订保密承诺书，严格遵守保密规章制度，不得以任何方式泄露国家秘密。

《保守国家秘密法》第三十七条规定，涉密人员出境应当经有关部门批准，有关机关认为涉密人员出境将对国家安全造成危害或者对国家利益造成重大损失的，不得批准出境。

《保守国家秘密法》第三十八条规定，涉密人员离岗离职实行脱密期管理。涉密人员在脱密期内，应当按照规定履行保密义务，不得违反规定就业，不得以任何方式泄露国家秘密。

《保守国家秘密法》第三十九条规定，机关、单位应当建立健全涉密人员管理制度，明确涉密人员的权利、岗位责任和要求，对涉密人员履行职责情况开展经常性的监督检查。

38. 反间谍安全防范重点单位如何加强日常安全防范管理？

《反间谍法》第十九条规定，反间谍安全防范重点单位应当加强对涉密事项、场所、载体等的日常安全防范管理，采取隔离加固、封闭管理、设置警戒等反间谍物理防范措施。

《保守国家秘密法》第二十四条规定，机关、单位应当加强对涉密信息系统的管理，任何组织和个人不得有下列行为：（1）将涉密计算机、涉密存储设备接入互联网及其他公共信息网络；（2）在未采取防护措施的情况下，在涉密信息系统与互联网及其他公共信息网络之间进行信息交换；（3）使用非涉密计算机、非涉密存储设备存储、处理国家秘密信息；（4）擅自卸载、修改涉密信息系统的安全技术程序、管理程序；（5）将未经安全技术处理的退出使用的涉密计算机、涉密存储设备赠送、出售、丢弃或者改作其他用途。

《保守国家秘密法》第二十五条规定，机关、单位应当加强对国家秘密载体的管理，任何组织和个人不得有下列行为：（1）非法获取、持有国家秘密载体；（2）买卖、转送或者私自销毁国家秘密载体；（3）通过普通邮政、快递等无保密措施的渠道传递国家秘密载体；（4）邮寄、托运国家秘密载体出境；（5）未经有关主管部门批准，携带、传递国家秘密载体出境。

《保守国家秘密法》第二十六条规定，禁止非法复制、记录、存储国家秘密。禁止在互联网及其他公共信息网络或者未采取保密措施的有线和无线通信中传递国家秘密。禁止在私人交往和通信中涉及国家秘密。

39. 反间谍安全防范重点单位如何加强反间谍技术防范？

《反间谍法》第二十条规定，反间谍安全防范重点单位应当按照反间谍技术防范的要求和标准，采取相应的技术措施和其他必要措施，加强对要害部门部位、网络设施、信息系统的反间谍技术防范。

40. 对涉及国家安全事项的建设项目如何实行许可制度？

《反间谍法》第二十一条规定，在重要国家机关、国防军工单位和其他重要涉密单位以及重要军事设施的周边安全控制区域内新建、改建、扩建建设项目的，由国家安全机关实施涉及国家安全事项的建设项目许可。

县级以上地方各级人民政府编制国民经济和社会发展规划、国土空间规划等有关规划，应当充分考虑国家安全因素和划定的安全控制区域，征求国家安全机关的意见。

安全控制区域的划定应当统筹发展和安全，坚持科学合理、确有必要的原则，由国家安全机关会同发展改革、自然资源、住房城乡建设、保密、国防科技工业等部门以及军队有关部门共同划定，报省、自治区、直辖市人民政府批准并动态调整。

涉及国家安全事项的建设项目许可的具体

实施办法,由国务院国家安全主管部门会同有关部门制定。

41. 如何指导有关单位落实反间谍技术防范措施?

《反间谍法》第二十二条规定,国家安全机关根据反间谍工作需要,可以会同有关部门制定反间谍技术防范标准,指导有关单位落实反间谍技术防范措施,对存在隐患的单位,经过严格的批准手续,可以进行反间谍技术防范检查和检测。

42. 什么情形下,国家安全机关可以对有关单位开展反间谍安全防范检查?

《反间谍安全防范工作规定》第二十一条规定,国家安全机关对有下列情形之一的,经设区的市级以上国家安全机关负责人批准,并出具法律文书,可以对机关、团体、企业事业组织和其他社会组织开展反间谍安全防范检查:

（1）发现反间谍安全防范风险隐患；

（2）接到反间谍安全防范问题线索举报；

（3）依据有关单位的申请；

（4）因其他反间谍安全防范工作需要。

43. 国家安全机关可以采取哪些方式开展反间谍安全防范检查？

《反间谍安全防范工作规定》第二十二条规定，国家安全机关可以通过下列方式对机关、团体、企业事业组织和其他社会组织的反间谍安全防范工作进行检查：

（1）向有关单位和人员了解情况；

（2）调阅有关资料；

（3）听取有关工作说明；

（4）进入有关单位、场所实地查看；

（5）查验电子通信工具、器材等设备、设施；

（6）反间谍技术防范检查和检测；

（7）其他法律、法规、规章授权的检查方式。

44. 国家安全机关可以对有关单位的相关场所、内部设备设施、计算机网络及信息系统、关键信息基础设施等开展反间谍技术防范检查检测吗?

《反间谍安全防范工作规定》第二十三条规定,经设区的市级以上国家安全机关负责人批准,国家安全机关可以对存在风险隐患的机关、团体、企业事业组织和其他社会组织的相关部位、场所和建筑物、内部设备设施、强弱电系统、计算机网络及信息系统、关键信息基础设施等开展反间谍技术防范检查检测,防范、发现和处置危害国家安全的情况。

45. 国家安全机关可以采取哪些方式开展反间谍技术防范检查检测?

《反间谍安全防范工作规定》第二十四条规定,国家安全机关可以采取下列方式开展反间谍技术防范检查检测:

（1）进入有关单位、场所，进行现场技术检查；

（2）使用专用设备，对有关部位、场所、链路、网络进行技术检测；

（3）对有关设备设施、网络、系统进行远程技术检测。

46. 国家安全机关开展反间谍技术防范检查检测应当履行什么程序？

《反间谍安全防范工作规定》第二十五条规定，国家安全机关开展反间谍技术防范现场检查检测时，检查人员不得少于两人，并应当出示相应证件。国家安全机关开展远程技术检测，应当事先告知被检测对象检测时间、检测范围等事项。检查检测人员应当制作检查检测记录，如实记录检查检测情况。

47. 国家安全机关在开展反间谍技术防范检查检测中,为防止危害发生或者扩大,可以采取什么措施?

《反间谍安全防范工作规定》第二十六条规定,国家安全机关在开展反间谍技术防范检查检测中,为防止危害发生或者扩大,可以依法责令被检查对象采取技术屏蔽、隔离、拆除或者停止使用相关设备设施、网络、系统等整改措施,指导和督促有关措施的落实,并在检查检测记录中注明。

48. 国家安全机关如何督促被检查单位落实反间谍安全防范责任和义务?

《反间谍安全防范工作规定》第二十七条规定,国家安全机关可以根据反间谍安全防范检查情况,向被检查单位提出加强和改进反间谍安全防范工作的意见和建议,督促有关单位落实反间谍安全防范责任和义务。

第三章　调查处置

49. 国家安全机关工作人员依法执行反间谍工作任务时，可以查验公民身份证明、查看随带物品吗？

《反间谍法》第二十三条规定，国家安全机关在反间谍工作中依法行使本法和有关法律规定的职权。

第二十四条规定，国家安全机关工作人员依法执行反间谍工作任务时，依照规定出示工作证件，可以查验中国公民或者境外人员的身份证明，向有关个人和组织问询有关情况，对身份不明、有间谍行为嫌疑的人员，可以查看其随带物品。

50. 国家安全机关工作人员依法执行反间谍工作任务时,可以查验有关个人或组织的电子设备吗?

《反间谍法》第二十五条第一款规定,国家安全机关工作人员依法执行反间谍工作任务时,经设区的市级以上国家安全机关负责人批准,出示工作证件,可以查验有关个人和组织的电子设备、设施及有关程序、工具。

51. 国家安全机关工作人员依法执行反间谍工作任务时,可以查封、扣押有关个人或组织的电子设备吗?

《反间谍法》第二十五条规定,国家安全机关工作人员依法执行反间谍工作任务时,经设区的市级以上国家安全机关负责人批准,出示工作证件,可以查验有关个人和组织的电子设备、设施及有关程序、工具。查验中发现存在危害国家安全情形的,国家安全机关应当责令其采取措施立即整改。拒绝整改或者整改后仍存在危害国家安全隐患的，可以予以查封、扣押。对依照前述规定查封、扣押的电子设备、设施及有关程序、工具，在危害国家安全的情形消除后，国家安全机关应当及时解除查封、扣押。

52. 国家安全机关工作人员依法执行反间谍工作任务时，可以查阅、调取有关文件、数据、资料、物品吗？

《反间谍法》第二十六条规定，国家安全机关工作人员依法执行反间谍工作任务时，根据国家有关规定，经设区的市级以上国家安全机关负责人批准，可以查阅、调取有关的文件、数据、资料、物品，有关个人和组织应当予以配合。查阅、调取不得超出执行反间谍工作任务所需的范围和限度。

《数据安全法》第三十五条规定，公安机关、国家安全机关因依法维护国家安全或者侦查犯罪的需要调取数据，应当按照国家有关规定，经过严格的批准手续，依法进行，有关组织、个人应当予以配合。

53. 国家安全机关工作人员如何依法传唤？

《反间谍法》第二十七条规定，需要传唤违反本法的人员接受调查的，经国家安全机关办案部门负责人批准，使用传唤证传唤。对现场发现的违反本法的人员，国家安全机关工作人员依照规定出示工作证件，可以口头传唤，但应当在询问笔录中注明。传唤的原因和依据应当告知被传唤人。对无正当理由拒不接受传唤或者逃避传唤的人，可以强制传唤。

国家安全机关应当在被传唤人所在市、县内的指定地点或者其住所进行询问。

国家安全机关对被传唤人应当及时询问查证。询问查证的时间不得超过八小时；情况复杂，可能适用行政拘留或者涉嫌犯罪的，询问查证的时间不得超过二十四小时。国家安全机关应当为被传唤人提供必要的饮食和休息时间。严禁连续传唤。

除无法通知或者可能妨碍调查的情形以外,国家安全机关应当及时将传唤的原因通知被传唤人家属。在上述情形消失后,应当立即通知被传唤人家属。

54. 国家安全机关调查间谍行为,可以检查有关人身、物品、场所吗?

《反间谍法》第二十八条规定,国家安全机关调查间谍行为,经设区的市级以上国家安全机关负责人批准,可以依法对涉嫌间谍行为的人身、物品、场所进行检查。检查女性身体的,应当由女性工作人员进行。

55. 国家安全机关调查间谍行为,可以查询嫌疑人员的财产信息吗?

《反间谍法》第二十九条规定,国家安全机关调查间谍行为,经设区的市级以上国家安全机关负责人批准，可以查询涉嫌间谍行为人员的相关财产信息。

56. 国家安全机关调查间谍行为，可以查封、扣押、冻结有关场所、设施或者财物吗？

《反间谍法》第三十条规定，国家安全机关调查间谍行为，经设区的市级以上国家安全机关负责人批准，可以对涉嫌用于间谍行为的场所、设施或者财物依法查封、扣押、冻结；不得查封、扣押、冻结与被调查的间谍行为无关的场所、设施或者财物。

57. 国家安全机关工作人员在反间谍工作中采取查阅、调取、传唤、检查、查询、查封、扣押、冻结等措施时，应当履行哪些手续？

《反间谍法》第三十一条规定，国家安全机关工作人员在反间谍工作中采取查阅、调取、传唤、检查、查询、查封、扣押、冻结等措施,应当由二人以上进行,依照有关规定出示工作证件及相关法律文书,并由相关人员在有关笔录等书面材料上签名、盖章。国家安全机关工作人员进行检查、查封、扣押等重要取证工作,应当对全过程进行录音录像,留存备查。

58. 在国家安全机关调查了解有关间谍行为的情况、收集有关证据时,有关个人和组织应当如何配合?

《反间谍法》第三十二条规定,在国家安全机关调查了解有关间谍行为的情况、收集有关证据时,有关个人和组织应当如实提供,不得拒绝。

59. 对出境后可能对国家安全造成危害的中国公民,可以不准其出境吗?

《反间谍法》第三十三条规定,对出境后

可能对国家安全造成危害，或者对国家利益造成重大损失的中国公民，国务院国家安全主管部门可以决定其在一定期限内不准出境，并通知移民管理机构。对涉嫌间谍行为人员，省级以上国家安全机关可以通知移民管理机构不准其出境。

60. 对入境后可能进行危害中国国家安全的境外人员，可以不准其入境吗？

《反间谍法》第三十四条规定，对入境后可能进行危害中华人民共和国国家安全活动的境外人员，国务院国家安全主管部门可以通知移民管理机构不准其入境。

61. 移民管理机构如何配合执行国家安全机关不准出境或者入境的措施？

《反间谍法》第三十五条规定，对国家安全机关通知不准出境或者不准入境的人员，移民管理机构应当按照国家有关规定执行；不准出境、入境情形消失的,国家安全机关应当及时撤销不准出境、入境决定,并通知移民管理机构。

62. 国家安全机关发现涉及间谍行为的网络信息内容或者网络攻击等风险的,如何处理?

《反间谍法》第三十六条规定,国家安全机关发现涉及间谍行为的网络信息内容或者网络攻击等风险,应当依照《网络安全法》规定的职责分工,及时通报有关部门,由其依法处置或者责令电信业务经营者、互联网服务提供者及时采取修复漏洞、加固网络防护、停止传输、消除程序和内容、暂停相关服务、下架相关应用、关闭相关网站等措施,保存相关记录。情况紧急,不立即采取措施将对国家安全造成严重危害的,由国家安全机关责令有关单位修复漏洞、停止相关传输、暂停相关服务,并通报有关部门。

经采取相关措施,上述信息内容或者风险已经消除的,国家安全机关和有关部门应当及时作出恢复相关传输和服务的决定。

63. 什么情形下可以采取技术侦察措施和身份保护措施?

《反间谍法》第三十七条规定,国家安全机关因反间谍工作需要,根据国家有关规定,经过严格的批准手续,可以采取技术侦察措施和身份保护措施。

《刑事诉讼法》第一百五十条第一款规定,公安机关在立案后,对于危害国家安全犯罪、恐怖活动犯罪、黑社会性质的组织犯罪、重大毒品犯罪或者其他严重危害社会的犯罪案件,根据侦查犯罪的需要,经过严格的批准手续,可以采取技术侦查措施。

根据《刑事诉讼法》第一百五十四条的规定,依照本法"技术侦查措施"规定采取侦查措施收集的材料在刑事诉讼中可以作为证据使用。如果使用该证据可能危及有关人员的人身安全,或者可能产生其他严重后果的,应当采取不暴露有关人员身份、技术方法等保护措施,必要的时候,可以由审判人员在庭外对证据进行核实。

64. 违反《反间谍法》,涉嫌犯罪,如何对有关事项是否属于国家秘密或者情报进行鉴定?

《反间谍法》第三十八条规定,对违反本法规定,涉嫌犯罪,需要对有关事项是否属于国家秘密或者情报进行鉴定以及需要对危害后果进行评估的,由国家保密部门或者省、自治区、直辖市保密部门按照程序在一定期限内进行鉴定和组织评估。

65. 什么是国家秘密?

《保守国家秘密法》第九条规定,下列涉及国家安全和利益的事项,泄露后可能损害国

家在政治、经济、国防、外交等领域的安全和利益的,应当确定为国家秘密:

(1) 国家事务重大决策中的秘密事项;

(2) 国防建设和武装力量活动中的秘密事项;

(3) 外交和外事活动中的秘密事项以及对外承担保密义务的秘密事项;

(4) 国民经济和社会发展中的秘密事项;

(5) 科学技术中的秘密事项;

(6) 维护国家安全活动和追查刑事犯罪中的秘密事项;

(7) 经国家保密行政管理部门确定的其他秘密事项。

政党的秘密事项中符合前述规定的,属于国家秘密。

66. 国家秘密分为几级?

《保守国家秘密法》第十条规定,国家秘密的密级分为绝密、机密、秘密三级。(1)绝密级国家秘密是最重要的国家秘密,泄露会使国家安全和利益遭受特别严重的损害;(2)机密级国家秘密是重要的国家秘密,泄露会使国家安全和利益遭受严重的损害;(3)秘密级国家秘密是一般的国家秘密,泄露会使国家安全和利益遭受损害。

67. 间谍行为涉嫌犯罪的,如何立案侦查?

《反间谍法》第三十九条规定,国家安全机关经调查,发现间谍行为涉嫌犯罪的,应当依照《刑事诉讼法》的规定立案侦查。

第四章　保障与监督

68. 物流运营单位、电信业务经营者、互联网服务提供者如何为反间谍工作提供支持和协助?

《反间谍法》第四十一条规定,国家安全机关依法调查间谍行为,邮政、快递等物流运营单位和电信业务经营者、互联网服务提供者应当提供必要的支持和协助。

69. 国家安全机关工作人员执行紧急任务时,能享有通行便利吗?

《反间谍法》第四十条规定,国家安全机关工作人员依法履行职责,受法律保护。第四十二条规定,国家安全机关工作人员因执行紧急任务需要,经出示工作证件,享有优先乘坐公共交通工具、优先通行等通行便利。

70. 国家安全机关工作人员依法执行任务时,进入有关场所、单位应当履行什么程序?

《反间谍法》第四十三条规定,国家安全机关工作人员依法执行任务时,依照规定出示工作证件,可以进入有关场所、单位;根据国家有关规定,经过批准,出示工作证件,可以进入限制进入的有关地区、场所、单位。

71. 国家安全机关在反间谍工作中,可以优先使用或者依法征用交通工具、通信工具、场地、建筑物吗?

《反间谍法》第四十四条规定,国家安全机关因反间谍工作需要,根据国家有关规定,可以优先使用或者依法征用国家机关、人民团体、企业事业组织和其他社会组织以及个人的交通工具、通信工具、场地和建筑物等,必要时可以设置相关工作场所和设施设备，任务完成后应当及时归还或者恢复原状，并依照规定支付相应费用；造成损失的，应当给予补偿。

72. 海关、移民管理等检查机关可以对进行反间谍工作的国家安全机关提供哪些便利？

《反间谍法》第四十五条规定，国家安全机关因反间谍工作需要，根据国家有关规定，可以提请海关、移民管理等检查机关对有关人员提供通关便利，对有关资料、器材等予以免检。有关检查机关应当依法予以协助。

73. 因执行或协助执行反间谍工作任务，本人或者其近亲属的人身安全受到威胁的，国家安全机关应当采取什么措施？

《反间谍法》第四十六条第一款、第二款规定，国家安全机关工作人员因执行任务，或者个人因协助执行反间谍工作任务，本人或者其近亲属的人身安全受到威胁时，国家安全机关应当会同有关部门依法采取必要措施，予以保护、营救。个人因支持、协助反间谍工作，本人或者其近亲属的人身安全面临危险的，可以向国家安全机关请求予以保护。国家安全机关应当会同有关部门依法采取保护措施。

《反间谍安全防范工作规定》第十九条规定，国家安全机关应当严格为举报人保密，保护举报人的人身财产安全。未经举报人同意，不得以任何方式公开或者泄露其个人信息。公民因举报间谍行为或者其他危害国家安全行为，本人或者其近亲属的人身安全面临危险的，可以向国家安全机关请求予以保护。国家安全机关应当会同有关部门依法采取保护措施。

74. 个人和组织因支持、协助反间谍工作导致财产损失的，能获得补偿吗？

《反间谍法》第四十六条第三款规定，个

人和组织因支持、协助反间谍工作导致财产损失的,根据国家有关规定给予补偿。

75. 对为反间谍工作作出贡献并需要安置的人员,如何妥善安置?

《反间谍法》第四十七条规定,对为反间谍工作做出贡献并需要安置的人员,国家给予妥善安置。公安、民政、财政、卫生健康、教育、人力资源和社会保障、退役军人事务、医疗保障、移民管理等有关部门以及国有企业事业单位应当协助国家安全机关做好安置工作。

76. 因开展或者支持、协助反间谍工作导致伤残或者牺牲、死亡的,如何给予抚恤优待?

《反间谍法》第四十八条规定,对因开展反间谍工作或者支持、协助反间谍工作导致伤残或者牺牲、死亡的人员,根据国家有关规定给予相应的抚恤优待。

77. 国家如何鼓励反间谍领域科技创新？

《反间谍法》第四十九条规定，国家鼓励反间谍领域科技创新，发挥科技在反间谍工作中的作用。

78. 如何加强反间谍专业力量人才队伍建设？

《反间谍法》第五十条规定，国家安全机关应当加强反间谍专业力量人才队伍建设和专业训练，提升反间谍工作能力。对国家安全机关工作人员应当有计划地进行政治、理论和业务培训。培训应当坚持理论联系实际、按需施教、讲求实效，提高专业能力。

79. 国家安全机关如何执行内部监督和安全审查制度？

《反间谍法》第五十一条规定，国家安全机关应当严格执行内部监督和安全审查制度，对其工作人员遵守法律和纪律等情况进行监督，并依法采取必要措施，定期或者不定期进行安全审查。

80. 对国家安全机关及其工作人员超越职权、滥用职权等违法行为，如何检举、控告？

《反间谍法》第五十二条规定，任何个人和组织对国家安全机关及其工作人员超越职权、滥用职权和其他违法行为，都有权向上级国家安全机关或者监察机关、人民检察院等有关部门检举、控告。受理检举、控告的国家安全机关或者监察机关、人民检察院等有关部门应当及时查清事实，依法处理，并将处理结果及时告知检举人、控告人。对支持、协助国家安全机关工作或者依法检举、控告的个人和组织，任何个人和组织不得压制和打击报复。

第五章 法律责任

81. 实施或者指使、资助他人实施间谍行为，构成犯罪的，应当承担什么刑事责任？

《反间谍法》第十条规定，境外机构、组织、个人实施或者指使、资助他人实施的，或者境内机构、组织、个人与境外机构、组织、个人相勾结实施的危害中华人民共和国国家安全的间谍行为，都必须受到法律追究。

《反间谍法》第五十三条规定，实施间谍行为，构成犯罪的，依法追究刑事责任。

《刑法》第一百一十条规定了间谍罪。有下列间谍行为之一，危害国家安全的，处十年以上有期徒刑或者无期徒刑；情节较轻的，处三年以上十年以下有期徒刑：（1）参加间谍组织或者接受间谍组织及其代理人的任务的；
（2）为敌人指示轰击目标的。

《刑法》第二百八十三条规定了非法生产、销售专用间谍器材、窃听、窃照专用器材罪。非法生产、销售专用间谍器材或者窃听、窃照专用器材的，处三年以下有期徒刑、拘役或者管制，并处或者单处罚金；情节严重的，处三年以上七年以下有期徒刑，并处罚金。单位犯该罪的，对单位判处罚金，并对其直接负责的主管人员和其他直接责任人员，依照前述规定处罚。

82. 实施或者指使、资助他人实施间谍行为，尚不构成犯罪的，应当承担什么法律责任？

《反间谍法》第五十四条规定，个人实施间谍行为，尚不构成犯罪的，由国家安全机关予以警告或者处十五日以下行政拘留，单处或者并处五万元以下罚款，违法所得在五万元以上的，单处或者并处违法所得一倍以上五倍以下罚款，并可以由有关部门依法予以处分。

明知他人实施间谍行为，为其提供信息、资金、物资、劳务、技术、场所等支持、协助，或者窝藏、包庇，尚不构成犯罪的，依照前述规定处罚。

单位有前述行为的，由国家安全机关予以警告，单处或者并处五十万元以下罚款，违法所得在五十万元以上的，单处或者并处违法所得一倍以上五倍以下罚款，并对直接负责的主管人员和其他直接责任人员，依照前述关于个人实施间谍行为的处罚规定处罚。

国家安全机关根据相关单位、人员违法情节和后果，可以建议有关主管部门依法责令停止从事相关业务、提供相关服务或者责令停产停业、吊销有关证照、撤销登记。有关主管部门应当将作出行政处理的情况及时反馈国家安全机关。

83. 对军事禁区、军事管理区非法进行摄影、摄像的,如何处理?

《军事设施保护法》第五十一条规定,违反本法规定,有下列情形之一的,军事设施管理单位的执勤人员应当予以制止:

(1)非法进入军事禁区、军事管理区或者在陆地、水域军事禁区上空低空飞行的;

(2)对军事禁区、军事管理区非法进行摄影、摄像、录音、勘察、测量、定位、描绘和记述的;

(3)进行破坏、危害军事设施的活动的。

84. 对军事禁区、军事管理区非法进行摄影、摄像,尚不构成犯罪的,应当承担什么法律责任?

《军事设施保护法》第六十条规定,有下列行为之一的,适用《治安管理处罚法》第二十三条的处罚规定:

（1）非法进入军事禁区、军事管理区或者驾驶、操控航空器在陆地、水域军事禁区上空低空飞行，不听制止的；

（2）在军事禁区外围安全控制范围内，或者在没有划入军事禁区、军事管理区的军事设施一定距离内，进行危害军事设施安全和使用效能的活动，不听制止的；

（3）在军用机场净空保护区域内，进行影响飞行安全和机场助航设施使用效能的活动，不听制止的；

（4）对军事禁区、军事管理区非法进行摄影、摄像、录音、勘察、测量、定位、描绘和记述，不听制止的；

（5）其他扰乱军事禁区、军事管理区管理秩序和危害军事设施安全的行为，情节轻微，尚不够刑事处罚的。

《治安管理处罚法》第二十三条规定，有下列行为之一的，处警告或者二百元以下罚款；情节较重的，处五日以上十日以下拘留，

可以并处五百元以下罚款:

(1) 扰乱机关、团体、企业、事业单位秩序,致使工作、生产、营业、医疗、教学、科研不能正常进行,尚未造成严重损失的;

(2) 扰乱车站、港口、码头、机场、商场、公园、展览馆或者其他公共场所秩序的;

(3) 扰乱公共汽车、电车、火车、船舶、航空器或者其他公共交通工具上的秩序的;

(4) 非法拦截或者强登、扒乘机动车、船舶、航空器以及其他交通工具,影响交通工具正常行驶的;

(5) 破坏依法进行的选举秩序的。

聚众实施前述行为的,对首要分子处十日以上十五日以下拘留,可以并处一千元以下罚款。

85. 实施间谍行为,有自首、立功表现的,如何从宽处罚?

《反间谍法》第五十五条第一款规定,实施间谍行为,有自首或者立功表现的,可以从轻、减轻或者免除处罚；有重大立功表现的，给予奖励。

86. 哪些情形属于有"立功表现""重大立功表现"？

《反间谍法实施细则》第二十条规定，下列情形属于《反间谍法》所称"立功表现"：

（1）揭发、检举危害国家安全的其他犯罪分子，情况属实的；

（2）提供重要线索、证据，使危害国家安全的行为得以发现和制止的；

（3）协助国家安全机关、司法机关捕获其他危害国家安全的犯罪分子的；

（4）对协助国家安全机关维护国家安全有重要作用的其他行为。

"重大立功表现"，是指在前述所列立功表现的范围内对国家安全工作有特别重要作用的。

87. 在境外受胁迫或者受诱骗参加间谍组织、敌对组织，从事危害中国国家安全的活动的，在什么情形下可以不予追究？

《反间谍法》第五十五条第二款规定，在境外受胁迫或者受诱骗参加间谍组织、敌对组织，从事危害中华人民共和国国家安全的活动，及时向中华人民共和国驻外机构如实说明情况，或者入境后直接或者通过所在单位及时向国家安全机关如实说明情况，并有悔改表现的，可以不予追究。

88. 有关单位未依法履行反间谍安全防范义务的，应当如何处理？

《反间谍法》第五十六条规定，国家机关、人民团体、企业事业组织和其他社会组织未按照本法规定履行反间谍安全防范义务的，国家安全机关可以责令改正；未按照要求改正的，国家安全机关可以约谈相关负责人，必要时可以将约谈情况通报该单位上级主管部门；产生危害后果或者不良影响的，国家安全机关可以予以警告、通报批评；情节严重的，对负有责任的领导人员和直接责任人员，由有关部门依法予以处分。

89. 违反国家安全事项建设项目许可制度的，应当承担什么法律责任？

《反间谍法》第五十七条规定，违反本法第二十一条规定新建、改建、扩建建设项目的，由国家安全机关责令改正，予以警告；拒不改正或者情节严重的，责令停止建设或者使用、暂扣或者吊销许可证件，或者建议有关主管部门依法予以处理。

90. 物流运营单位、电信业务经营者、互联网服务提供者未依法履行支持和协助义务的，应当承担什么法律责任？

《反间谍法》第五十八条规定，违反本法第四十一条规定的，由国家安全机关责令改正，予以警告或者通报批评；拒不改正或者情节严重的，由有关主管部门依照相关法律法规予以处罚。

91. 有关个人和单位拒不配合数据调取的，应当承担什么法律责任？

《反间谍法》第五十九条规定，违反本法规定，拒不配合数据调取的，由国家安全机关依照《数据安全法》的有关规定予以处罚。

《数据安全法》第四十八条规定，违反本法第三十五条规定，拒不配合数据调取的，由有关主管部门责令改正，给予警告，并处五万元以上五十万元以下罚款，对直接负责的主管人员和其他直接责任人员处一万元以上十万元以下罚款。

92. 不履行维护国家安全义务或者从事危害国家安全活动的，应当承担什么法律责任？

《国家安全法》第十三条规定，国家机关工作人员在国家安全工作和涉及国家安全活动中，滥用职权、玩忽职守、徇私舞弊的，依法追究法律责任。任何个人和组织违反该法和有关法律，不履行维护国家安全义务或者从事危害国家安全活动的，依法追究法律责任。《刑法》分则第一章专门规定了危害国家安全罪，严厉打击危害国家安全行为。

93. 泄露国家秘密,拒不配合调查,阻碍国家安全机关执行任务,掩饰、隐瞒涉案财物,打击报复的,应当承担什么法律责任?

《反间谍法》第六十条规定,违反本法规定,有下列行为之一,构成犯罪的,依法追究刑事责任;尚不构成犯罪的,由国家安全机关予以警告或者处十日以下行政拘留,可以并处三万元以下罚款:

(1)泄露有关反间谍工作的国家秘密;

(2)明知他人有间谍犯罪行为,在国家安全机关向其调查有关情况、收集有关证据时,拒绝提供;

(3)故意阻碍国家安全机关依法执行任务;

(4)隐藏、转移、变卖、损毁国家安全机关依法查封、扣押、冻结的财物;

(5)明知是间谍行为的涉案财物而窝藏、

转移、收购、代为销售或者以其他方法掩饰、隐瞒；

（6）对依法支持、协助国家安全机关工作的个人和组织进行打击报复。

94. 阻碍国家情报工作机构及其工作人员依法开展情报工作的，应当承担什么法律责任？

《国家情报法》第二十八条规定，违反该法规定，阻碍国家情报工作机构及其工作人员依法开展情报工作的，由国家情报工作机构建议相关单位给予处分或者由国家安全机关、公安机关处警告或者十五日以下拘留；构成犯罪的，依法追究刑事责任。

95. 明知是间谍犯罪行为的涉案财物而掩饰、隐瞒的，应当承担什么法律责任？

《刑法》第三百一十二条规定了掩饰、隐瞒犯罪所得、犯罪所得收益罪。明知是犯罪所得及其产生的收益而予以窝藏、转移、收购、代为销售或者以其他方法掩饰、隐瞒的,处三年以下有期徒刑、拘役或者管制,并处或者单处罚金;情节严重的,处三年以上七年以下有期徒刑,并处罚金。单位犯该罪的,对单位判处罚金,并对其直接负责的主管人员和其他直接责任人员,依照前述规定处罚。

96. 阻碍有关部门开展反间谍工作,构成犯罪的,应当承担什么法律责任?

《刑法》第二百七十七条第一款规定了妨害公务罪。以暴力、威胁方法阻碍国家机关工作人员依法执行职务的,处三年以下有期徒刑、拘役、管制或者罚金。该条第四款规定,故意阻碍国家安全机关、公安机关依法执行国家安全工作任务,未使用暴力、威胁方法,造成严重后果的,依照妨害公务罪的规定处罚。

该条第五款规定了袭警罪。暴力袭击正在依法执行职务的人民警察的,处三年以下有期徒刑、拘役或者管制；使用枪支、管制刀具，或者以驾驶机动车撞击等手段，严重危及其人身安全的，处三年以上七年以下有期徒刑。

97. 拒绝提供间谍犯罪证据，情节严重的，应当承担什么法律责任？

《刑法》第三百一十一条规定了拒绝提供间谍犯罪、恐怖主义犯罪、极端主义犯罪证据罪。明知他人有间谍犯罪或者恐怖主义、极端主义犯罪行为，在司法机关向其调查有关情况、收集有关证据时，拒绝提供，情节严重的，处三年以下有期徒刑、拘役或者管制。

98. 对支持、协助反间谍工作的个人和组织打击报复，构成犯罪的，应当承担什么法律责任？

《刑法》第二百五十四条规定了报复陷害罪。国家机关工作人员滥用职权、假公济私，对控告人、申诉人、批评人、举报人实行报复陷害的，处二年以下有期徒刑或者拘役；情节严重的，处二年以上七年以下有期徒刑。

第三百零八条规定了打击报复证人罪。对证人进行打击报复的，处三年以下有期徒刑或者拘役；情节严重的，处三年以上七年以下有期徒刑。

99. 有关单位不认真履行反间谍安全防范责任和义务的，应当承担什么法律责任？

《反间谍安全防范工作规定》第二十八条规定，机关、团体、企业事业组织和其他社会组织违反本规定，有下列情形之一的，国家安全机关可以依法责令限期整改；被责令整改单位应当于整改期限届满前向国家安全机关提交整改报告，国家安全机关应当自收到整改报告之日起十五个工作日内对整改情况进行检查：

（1）不认真履行反间谍安全防范责任和义务，安全防范工作措施不落实或者落实不到位，存在明显问题隐患的；

（2）不接受国家安全机关反间谍安全防范指导和检查的；

（3）发生间谍案件，叛逃案件，为境外窃取、刺探、收买、非法提供国家秘密、情报案件，以及其他危害国家安全案事件的；

（4）发现涉及间谍行为和其他危害国家安全行为的可疑情况，迟报、漏报、瞒报，造成不良后果或者影响的；

（5）不配合或者阻碍国家安全机关依法执行任务的。

对未按照要求整改或者未达到整改要求的，国家安全机关可以依法约谈相关负责人，并将约谈情况通报该单位上级主管部门。

第二十九条规定，机关、团体、企业事业组织和其他社会组织及其工作人员未履行或者未按照规定履行反间谍安全防范责任和义务，造成不良后果或者影响的，国家安全机关可以向有关机关、单位移送问题线索，建议有关机关、单位按照管理权限对负有责任的领导人员和直接责任人员依规依纪依法予以处理；构成犯罪的，依法追究刑事责任。

100. 泄露与国家情报工作有关的国家秘密的，应当承担什么法律责任？

《国家情报法》第二十九条规定，泄露与国家情报工作有关的国家秘密的，由国家情报工作机构建议相关单位给予处分或者由国家安全机关、公安机关处警告或者十五日以下拘留；构成犯罪的，依法追究刑事责任。

101. 非法获取、持有属于国家秘密的文件、数据、资料、物品的，应当承担什么法律责任？

根据《反间谍法》第六十一条的规定，非法获取、持有属于国家秘密的文件、数据、资料、物品，尚不构成犯罪的，由国家安全机关予以警告或者处十日以下行政拘留。

《刑法》第一百一十一条规定了为境外窃取、刺探、收买、非法提供国家秘密、情报罪。为境外的机构、组织、人员窃取、刺探、收买、非法提供国家秘密或者情报的,处五年以上十年以下有期徒刑;情节特别严重的,处十年以上有期徒刑或者无期徒刑;情节较轻的,处五年以下有期徒刑、拘役、管制或者剥夺政治权利。

《刑法》第二百八十二条第一款规定了非法获取国家秘密罪。以窃取、刺探、收买方法,非法获取国家秘密的,处三年以下有期徒刑、拘役、管制或者剥夺政治权利;情节严重的,处三年以上七年以下有期徒刑。

《刑法》第二百八十二条第二款规定了非法持有国家绝密、机密文件、资料、物品罪。非法持有属于国家绝密、机密的文件、资料或者其他物品,拒不说明来源与用途的,处三年以下有期徒刑、拘役或者管制。

《刑法》第三百九十八条规定了故意泄露

国家秘密罪、过失泄露国家秘密罪。国家机关工作人员违反保守国家秘密法的规定，故意或者过失泄露国家秘密，情节严重的，处三年以下有期徒刑或者拘役；情节特别严重的，处三年以上七年以下有期徒刑。非国家机关工作人员犯该罪的，依照前述规定酌情处罚。

《刑法》第四百三十一条第一款规定了非法获取军事秘密罪。以窃取、刺探、收买方法，非法获取军事秘密的，处五年以下有期徒刑；情节严重的，处五年以上十年以下有期徒刑；情节特别严重的，处十年以上有期徒刑。该条第二款规定了为境外窃取、刺探、收买、非法提供军事秘密罪。为境外的机构、组织、人员窃取、刺探、收买、非法提供军事秘密的，处五年以上十年以下有期徒刑；情节严重的，处十年以上有期徒刑、无期徒刑或者死刑。

《刑法》第四百三十二条规定了故意泄露军事秘密罪、过失泄露军事秘密罪。违反保守国家秘密法规，故意或者过失泄露军事秘密，情节严重的，处五年以下有期徒刑或者拘役；情节特别严重的，处五年以上十年以下有期徒刑。战时犯该罪的，处五年以上十年以下有期徒刑；情节特别严重的，处十年以上有期徒刑或者无期徒刑。

102. 什么是"非法持有属于国家秘密的文件、资料和其他物品"？

根据《反间谍法实施细则》第十七条的规定，"非法持有属于国家秘密的文件、资料和其他物品"是指：

（1）不应知悉某项国家秘密的人员携带、存放属于该项国家秘密的文件、资料和其他物品的；

（2）可以知悉某项国家秘密的人员，未经办理手续，私自携带、留存属于该项国家秘密的文件、资料和其他物品的。

103. 什么是"专用间谍器材"？

根据《反间谍法实施细则》第十八条的规定，"专用间谍器材"，是指进行间谍活动特殊需要的下列器材：（1）暗藏式窃听、窃照器材；（2）突发式收发报机、一次性密码本、密写工具；（3）用于获取情报的电子监听、截收器材；（4）其他专用间谍器材。专用间谍器材的确认，由国务院国家安全主管部门负责。

104. 非法生产、销售、持有、使用专用间谍器材的，应当承担什么法律责任？

《反间谍法》第六十一条规定，非法生产、销售、持有、使用专用间谍器材，尚不构成犯罪的，由国家安全机关予以警告或者处十日以下行政拘留。

《刑法》第二百八十三条规定了非法生产、销售专用间谍器材、窃听、窃照专用器材罪。非法生产、销售专用间谍器材或者窃听、窃照专用器材的，处三年以下有期徒刑、拘役或者管制，并处或者单处罚金；情节严重的，处三年以上七年以下有期徒刑，并处罚金。单位犯该罪的，对单位判处罚金，并对其直接负责的主管人员和其他直接责任人员，依照前述规定处罚。

105. 国家安全机关对依法查封、扣押、冻结的财物，应当如何处理？

《反间谍法》第六十二条规定，国家安全机关对依照本法查封、扣押、冻结的财物，应当妥善保管，并按照下列情形分别处理：

（1）涉嫌犯罪的，依照《刑事诉讼法》等有关法律的规定处理；

（2）尚不构成犯罪，有违法事实的，对依法应当没收的予以没收，依法应当销毁的予以销毁；

（3）没有违法事实的，或者与案件无关的，应当解除查封、扣押、冻结，并及时返还相关财物；造成损失的，应当依法予以赔偿。

106. 哪些情形下，对涉案财物应当依法追缴、没收、消除隐患？

《反间谍法》第六十三条规定，涉案财物符合下列情形之一的，应当依法予以追缴、没收，或者采取措施消除隐患：

（1）违法所得的财物及其孳息、收益，供实施间谍行为所用的本人财物；

（2）非法获取、持有的属于国家秘密的文件、数据、资料、物品；

（3）非法生产、销售、持有、使用的专用间谍器材。

107. 对于因实施间谍行为获取的利益，应当如何处理？

《反间谍法》第六十四条规定，行为人及其近亲属或者其他相关人员，因行为人实施间谍行为从间谍组织及其代理人获取的所有利益，由国家安全机关依法采取追缴、没收等措施。

108. 国家安全机关依法收缴的罚款以及没收的财产应当如何处理？

《反间谍法》第六十五条规定，国家安全机关依法收缴的罚款以及没收的财物，一律上缴国库。

109. 境外人员违反《反间谍法》的，应当如何处理？

《反间谍法》第六十六条规定，境外人员违反本法的，国务院国家安全主管部门可以决定限期出境，并决定其不准入境的期限。未在规定期限内离境的，可以遣送出境。对违反本法的境外人员，国务院国家安全主管部门决定驱逐出境的，自被驱逐出境之日起十年内不准入境，国务院国家安全主管部门的处罚决定为最终决定。

110. 国家安全机关作出行政处罚决定的，应当履行什么程序？

《反间谍法》第六十七条规定，国家安全机关作出行政处罚决定之前，应当告知当事人拟作出的行政处罚内容及事实、理由、依据，以及当事人依法享有的陈述、申辩、要求听证等权利，并依照《行政处罚法》的有关规定实施。

111. 当事人对行政处罚、行政强制措施、行政许可决定不服的，如何救济？

《反间谍法》第六十八条规定，当事人对行政处罚决定、行政强制措施决定、行政许可决定不服的，可以自收到决定书之日起六十日内，依法申请复议；对复议决定不服的，可以自收到复议决定书之日起十五日内，依法向人民法院提起诉讼。

112. 国家安全机关工作人员有滥用职权、玩忽职守、徇私舞弊、非法拘禁、刑讯逼供等行为的,应当承担什么法律责任?

《反间谍法》第六十九条规定,国家安全机关工作人员滥用职权、玩忽职守、徇私舞弊,或者有非法拘禁、刑讯逼供、暴力取证、违反规定泄露国家秘密、工作秘密、商业秘密和个人隐私、个人信息等行为,依法予以处分,构成犯罪的,依法追究刑事责任。

《反间谍安全防范工作规定》第三十条规定,国家安全机关及其工作人员在反间谍安全防范指导和检查工作中,滥用职权、玩忽职守、徇私舞弊的,对负有责任的领导人员和直接责任人员依规依纪依法予以处理;构成犯罪的,依法追究刑事责任。

以上行为还可能触犯《刑法》第二百三十八条、第二百四十七条、第三百九十七条、三百九十八条、第四百零二条、第四百一十七条，构成非法拘禁罪、刑讯逼供罪、暴力取证罪、滥用职权罪、玩忽职守罪、故意泄露国家秘密罪、过失泄露国家秘密罪、徇私舞弊不移交刑事案件罪、帮助犯罪分子逃避处罚罪等，承担相应刑事责任。

典型案例

1. 航天领域专家被境外间谍情报机关拉拢策反①

基本案情

赵某军是一名航天领域的科研人员,在赴国外大学做访问学者期间,被境外间谍情报机关人员一步步拉拢策反,出卖科研进展情况,严重危害国家安全。起初,对方只是约他吃饭、出游、赠送礼物。随着双方关系拉近,对方不时向他询问一些敏感问题,并支付不菲的咨询费用。赵某军临近回国前,对方向他亮明了间谍情报机关人员身份,将赵某军策反。随

---

① 《国家安全机关公布一批危害国家安全典型案例》,载微信公众号"中央政法委长安剑",2023年4月14日。

后，该国间谍情报机关为赵某军配备了专用U盘和网站，用于下达任务指令和回传情报信息。赵某军访学结束回国后，在国内多地继续与该国间谍情报机关人员多次见面，通过当面交谈及专用网站传递等方式向对方提供了大量涉密资料，并以现金形式收受间谍经费。不久后，赵某军的间谍行为引起了国家安全机关注意。

裁判结果

2019年6月，北京市国家安全机关依法对赵某军采取强制措施。2022年8月，人民法院以间谍罪判处赵某军有期徒刑7年，剥夺政治权利3年，并处没收个人财产人民币20万元。

案例警示

本案中，赵某军是因航天领域专家的身份被境外间谍情报机关重点关注，进而拉拢策反。此外，近年来，境外一些组织机构利用个别人对外国生活的向往，诱骗我国公民至国外，逼迫其从事污蔑抹黑我国国家形象的活动,严重危害了我国国家安全和公民人身安全。

无论是因蝇头小利逐渐落入圈套,还是以"移民美梦"诱骗利用他人,这些为个人私利损害国家利益、危害国家安全的行为,最终也使自己付出了惨痛代价。国家安全机关提示,国门之外非法外之地,无论身处何处,维护国家安全都是每一个中国公民应尽的责任和义务。

2. 军工专家出国期间被境外间谍组织策反叛变[①]

基本案情

张某,毕业于国家重点军工大学,毕业后从事军方武器研究。2011年,张某所在单位为他争取到了赴西方某大国访学的机会。张某一直梦想出国深造,这次机会让他喜出望外。但

[①] 改编自微信公众号"中央政法委长安剑"2018年4月15日发布的典型案例。

是，张某踏上国外土地的那一刻就被高度关注了，甚至是在国外的一举一动都受到了西方谍报机构的严密监视。三个月后，张某在参加一次学术研讨会的时候，外国男子杰克以该国军方人员的身份主动接近了他，称自己手上有军方项目。

杰克不断投张某所好，帮他购买打折电子产品，和张某不断地拉近感情。张某没有料到的是，这些打折电子产品已经被安装了间谍软件。这些小恩小惠让独处国外的张某感动不已。一看时机成熟，杰克就设下了连环陷阱。杰克利用付费咨询的幌子，千方百计地从张某那里套取他所掌握的核心机密。一旦感觉到张某有所疑虑之后，杰克就会不断加大诱惑的筹码。面对金钱，张某再一次屈服了。

渐渐地，张某和杰克成了无话不谈的挚友，张某向杰克透露了自己的一个请求，想把自己的孩子送去国外上学，希望杰克可以帮忙。在张某即将回国的前夕，杰克把张某介绍给他的一个朋友凯文。这个朋友在杰克的口中能力非常强。

凯文说自己是为间谍机构工作的，让张某不寒而栗。张某并没有立即答应凯文，但是凯文以张某女儿的前途作为诱饵，威逼利诱，张某最终就范。

在张某回国前，这两名情报人员还对张某进行了简单的间谍培训。回国以后，上了贼船的张某，不遗余力地搜集我国的军工情报。

裁判结果

2017年，经法院审判，50岁的张某因犯间谍罪获刑15年。

案例警示

一旦走出国门，时刻要提高警惕。除了桃色陷阱以外，在境外接受和使用电子产品要三思而后行；不要出入色情和赌博等不良场所；不要交流涉密敏感话题。如果不幸落入境外间谍机关的圈套中，和对方签订了秘密协议或是出卖了我们国家的情报，想要摆脱困境的最佳选择就是向相关部门主动交代。保护国家安全是每一个公民应尽的职责。如果公民和组织向国家机关举报间谍行为或线索,可以拨打国家安全机关全国统一举报受理热线12339。

3. 公职人员被境外间谍组织拉拢腐蚀,出卖国家秘密[①]

基本案情

许某,我国边境某县机关工作人员。2011年,许某赴境外出差,结识了当地工作人员晋某。后来,因为工作需要,许某多次出境找晋某帮忙。交往中,许某发现,晋某背景雄厚,无论是权力还是财力,都让他刮目相看。

刚开始双方认识是因为工作,但是许某看到晋某豪气冲天、挥金如土以后,他的心态发生了变化,逐渐想从晋某身上捞点好处。晋某也是看中了许某边境机关公职人员的身份,就

---

① 改编自微信公众号"中央政法委长安剑"2020年11月2日发布的典型案例。

刻意地不断深化双方的感情，逐渐地把工作关系转化为私人感情，这时候就发生了质的变化。

无论于公于私，许某都把晋某当成无话不谈的朋友。后来，晋某按照国外间谍情报机关指示，要求许某搜集中方掌握的涉及该国某事件的有关情况，以及中方内部的考虑等。于是，许某按照要求，将搜集到的情报提供给晋某。许某提供完情报以后，晋某就指示他提供一个银行账号，然后以给茶水费的说法往账户里汇款。许某通过这种方式来收受晋某提供的经费。

经鉴定，许某向该国提供的情报涉及5项机密级国家秘密。2016年1月，国家安全机关依法对许某采取强制措施。

裁判结果

2017年12月，法院以间谍罪判处许某有期徒刑15年，剥夺政治权利3年，并处没收个人财产10万元，追缴非法所得10万元。

4. 妻子被境外"完美男人"策反，夫妻双双掉入"陷阱"[①]

基本案情

黄某，云南省某省直机关工作人员，副高级工程师。黄某的丈夫李某伟，云南省某职业技术学院副院长，2002年至2004年，在云南省某县挂职副县长。

2002年，黄某收到境外某知名大学硕士研究生的录取通知，怀揣着对美好未来的憧憬，独自踏上了异国他乡的求学之旅。此时，一位风度翩翩的男士徐某出现在了黄某的面前。徐某自称是做海外投资政策研究的学者，希望黄某能提供一些我国经济类政策性文件作为参考，他可以支付一定的报酬。

徐某对黄某殷勤百倍，黄某生病时，徐某亲自陪黄某做康复理疗，安排保姆专程照顾，

[①] 改编自微信公众号"中央政法委长安剑"2020年11月2日发布的典型案例。

黄某便投入了徐某的怀抱。黄某并不知道所谓的"完美男人"就是一个境外间谍。徐某通过黄某的求学信息,了解到黄某在国内的工作单位,并对她的家庭情况了如指掌。交往中,徐某得知,黄某的丈夫李某伟正在云南某县挂职副县长,就向黄某提出,能否也请李某伟帮忙搜集一些工作中接触的内部文件。

2002年年底,黄某回国探亲时,将搜集情报的事告诉了李某伟。但她只说,在境外认识了个研究中国政策的学者,需要一些内部材料作为参考。李某伟自知夫妻感情已经变了味道,为了维系关系,他虽然有所怀疑,但没有拒绝黄某的要求。在日后的工作中,李某伟将接触到的涉密文件资料偷偷复印后交给黄某,黄某再将这些资料携带出境,出卖给境外间谍人员。

2003年,黄某毕业准备回国,徐某还专门对她进行了间谍培训,并为她配备了相机和伪装加密软件,同时,给黄某明确下达了搜集涉密红头文件的任务。

接下来的十余年里,在金钱诱惑和感情拉拢下,黄某、李某伟夫妇按照境外间谍人员的要求,从各自单位将工作中接触到的涉密文件私自带回家中。两人分工协作,李某伟负责对涉密文件进行拍照,黄某则负责将照片伪装加密拷入U盘,并伺机出境与境外间谍人员进行交接。

侦查机关发现,自2002年以来,黄某夫妇将工作中接触到的所有文件悉数拍照出卖给境外间谍人员,其中机密级文件4份、秘密级文件10份,两人共接受情报经费49000美元和30余万元人民币。此外,境外间谍人员还在海外开设银行账户,向黄某额外发放所谓"养老金"100万元人民币。

裁判结果

2019年4月,云南省国家安全机关依法对黄某、李某伟采取强制措施。2020年5月,昆明市中级人民法院以间谍罪判处黄某有期徒刑10年,剥夺政治权利10年;以间谍罪判处李某伟有期徒刑3年,剥夺政治权利3年。

案例警示

随着我国综合国力不断提升,境外间谍情报机关对我国情报渗透活动也更加活跃,以我国党政军机关、军工企业和科研院所等核心涉密岗位人员为目标,通过感情拉拢、诱蚀腐化、金钱收买、提供帮助等多种手段,千方百计进行拉拢策反,搜集我国核心机密情报,对我国国家安全构成严重威胁。

本案中,黄某、李某伟相互配合实施的间谍犯罪,对我国国家安全造成了巨大的危害和无法挽回的损失,留给我们的则是一道"国与家""法与情"的思考题。《国家安全法》《反间谍法》等法律法规明确划出了我国公民特别是国家公职人员在与境外人员交往中的红线,一旦越线就必然会受到法律的严惩。

5. 机场工作人员为间谍组织提供政府机关重要人员行程信息[①]

基本案情

被告人吴某某,案发前系某机场航务与运行管理部运行指挥员。2020年7月,被告人吴某某通过自己及其姐姐、哥哥等人的闲鱼账号在"闲鱼"软件承接跑腿业务,某间谍组织代理人"鱼总"通过"闲鱼"软件的自动回复号码搜索添加了被告人吴某某的微信。后吴某某在金钱诱惑下被"鱼总"发展,并接受其要求提供政府机关重要人员到某机场的行程信息,被告人吴某某利用自己在该机场运行管理部担任运行指挥员的便利,多次刺探、截获政府机关重要人员的行程信息,并通过境外聊天软件发送给"鱼总",共收取"鱼总"提供的间谍

---

① 《检察机关依法惩治危害国家安全犯罪典案例》,载最高人民检察院网站,https://www.spp.gov.cn/xwfbh/wsfbt/202204/t20220416_554500.shtml#1。

经费人民币 2.6 万余元。经鉴定,被告人吴某某为间谍组织代理人"鱼总"提供的信息涉 1 项机密级军事秘密,2 项秘密级军事秘密。

裁判结果

吴某某因犯间谍罪被判处有期徒刑 13 年,剥夺政治权利 4 年。

6. 在校生为境外人员搜集、拍摄涉军装备及部队位置信息[①]

基本案情

被告人陈某某系某职业技术学院学生。2020 年 2 月中旬,陈某某通过"探探"APP 平台结识了境外人员"涵"。陈某某在明知"涵"是境外人员的情况下,为获取报酬,于 2020 年 3 月至 7 月,按照"涵"的要求,多次前往军港等军事基地,观察、搜集、拍摄涉军装备及

---

① 《检察机关依法惩治危害国家安全犯罪典型案例》,载最高人民检察院网站,https://www.spp.gov.cn/xwfbh/wsfbt/202204/t20220416_554500.shtml#1。

部队位置等信息,并通过微信、坚果云、rocket.chat等软件发送给"涵"。陈某某先后收受"涵"通过微信、支付宝转账的报酬共计人民币1万余元以及鱼竿、卡西欧手表等财物。经密级鉴定,陈某某发送给"涵"的图片涉及1项机密级军事秘密、2项秘密级军事秘密和2项内部事项。

裁判结果

陈某某因犯为境外刺探、非法提供国家秘密罪被判处有期徒刑6年,剥夺政治权利2年,并处没收个人财产人民币1万元。

7. 婚纱摄影师为境外人员远景拍摄军港周边停泊军舰[①]

基本案情

黄某某,案发前系婚纱摄影师。2019年7

---

① 《检察机关依法惩治危害国家安全犯罪典型案例》,载最高人民检察院网站,https://www.spp.gov.cn/xwfbh/wsfbt/202204/t20220416_554500.shtml#1。

月,被告人黄某某通过微信聊天与境外人员"琪姐"结识。在"琪姐"的指示下,于2019年7月至2020年5月间,黄某某利用在某军港附近海滩从事婚纱摄影的便利,使用专业照相器材、手机等远景拍摄军港周边停泊的军舰,为了避免暴露自己,黄某某还采用欺骗、金钱引诱等方式委托他人为自己拍摄该军港附近海湾全景。黄某某以每周2到3次的频率,累计拍摄达90余次,其中涉及军港军舰照片384张。黄某某将拍摄的照片通过网络以共用网盘、群组共享等方式发送给境外人员"琪姐",共收取对方提供的报酬人民币4万余元。经鉴定,涉案照片涉及绝密级秘密3项,机密级秘密2项。

裁判结果

黄某某因犯为境外刺探、非法提供国家秘密罪被判处有期徒刑14年,剥夺政治权利5年,并处没收个人财产人民币4万元。

8. 黄某某为境外人员搜集军港内军舰信息①

基本案情

被告人黄某某通过QQ与一位境外人员结识，后多次按照对方要求到军港附近进行观测，采取望远镜观看、手机拍摄等方式，搜集军港内军舰信息，整编后传送给对方，以获取报酬。至案发，黄某某累计向境外人员报送信息90余次，收取报酬5.4万元。经鉴定，黄某某向境外人员提供的信息属1项机密级军事秘密。

裁判结果

法院认为，被告人黄某某无视国家法律，接受境外人员指使，积极为境外人员刺探、非法提供国家秘密，其行为已构成为境外刺探、非法提供国家秘密罪。依照《刑法》第

---

① 《全民国家安全教育典型案例及相关法律规定》，载最高人民法院网站，https://www.court.gov.cn/zixun-xiangqing-151722.html。

一百一十一条的规定，对黄某某以为境外刺探、非法提供国家秘密罪判处有期徒刑5年，剥夺政治权利1年，并处没收个人财产人民币5万元。

9. 餐厅老板故意泄露国家安全机关工作秘密①

基本案情

2021年3月，因工作需要，国家安全机关多次前往北京市西城区某餐厅开展工作，依法要求该餐厅副经理黄某某配合调查，同时告知其保守秘密的义务。不久后，国家安全机关工作发现，该餐厅配合调查的情况疑似被其他人员知悉掌握，给后续工作开展带来了严重不利影响。国家安全机关随即对这一情况进行了深入调查。通过进一步调查取证，证实了黄某某涉嫌泄露有关反间谍工作的国家秘密。

---

① 《国家安全机关公布典型案例》，载微信公众号"中央政法委长安剑"，2022年4月16日。

经鉴定，黄某某泄露内容系秘密级国家秘密。在确凿的证据面前，黄某某如实交代，其在明确被告知应保守国家秘密的前提下，先后两次故意对外泄露国家安全机关依法开展工作的情况。此外，在国家安全机关此前依法要求黄某某配合调查时，他还对办案人员故意隐瞒了其所知悉的情况。

处理结果

针对以上违法事实，2021年6月17日，国家安全机关对黄某某处以行政拘留15日的处罚。

10. 为境外间谍情报机关拍摄港区部队情况，自首从轻处罚[①]

基本案情

2020年4月16日，赣州市会昌县村民张某报告称，其儿子张某某在广东汕头务工期

---

① 改编自微信公众号"中央政法委长安剑"2021年4月15日发布的典型案例。

间，可能从事过危害国家安全的违法活动。4月21日，张某某在其父亲的陪同下，至赣州市国家安全局投案自首，并主动交代：2019年，张某某在汕头务工期间，通过微信结识了某境外间谍情报机关人员，对方以兼职为诱饵发展利用了他。

原来，2019年9月以来，张某某每天到驻汕头某部队港区进行观察记录，拍摄港区舰艇舷号的动态、静态情况，通过微信发给对方。其间，张某某共接收对方提供的间谍经费近3万元。经有关部门鉴定，其提供给对方的多份资料涉及国家秘密。

裁判结果

鉴于张某某存在自首情节，且积极配合国家安全机关办案，依据《反间谍法》可从轻、减轻或者免除处罚。

11. 做兼职拍照可能泄露国家机密①

基本案情

2020年4月,刚刚来到辽宁大连务工的赵某在网上查找招聘信息,一条招聘兼职咨询员的信息引起了他的注意。通过招聘信息里的联系方式,赵某加了叶某为QQ好友。叶某说自己是做城市规划设计的,急需招聘兼职人员来帮她拍摄一些城市风景的照片,辅助她完成设计任务。赵某对这份兼职很感兴趣,试拍之后,赵某通过了叶某的考察,并确定了日薪200元人民币的工资待遇。

工作的第一天,在叶某的遥控指挥下,赵某先后来到大连的港口、造船厂周边拍摄照片,并记录下沿途的地理环境,通过手机发送给叶某。当天中午,赵某收到了200元转账,拍拍照片就能赚钱,赵某以为自己得到了美

---

① 改编自微信公众号"中央政法委长安剑"2020年11月2日发布的典型案例。

差,他继续按照叶某的要求拍摄照片并取得报酬,而叶某布置的任务也不断加码。

为了方便拍摄港口中停泊军舰进行维护的照片,叶某甚至还要求赵某到船厂周边的高层公寓租住,还称如果赵某找机会进入造船厂工作,每月还能获得更多的报酬。

4月中旬,赵某看见了国家安全宣传教育的内容,触动很大,感觉这些案例和自己做的极为相似,非常后悔,认为不应该这么做。经过一番思想斗争,4月20日,赵某在家人陪同下主动向国家安全机关自首。

处理结果

鉴于赵某主动投案,且尚未对我国国家安全造成实质危害,国家安全机关依法免于追究其刑事责任。

案例警示

境外间谍情报机关勾连诱骗我国境内人员,可以说手段无所不用其极,网络就是他们开展情报活动的重要途径之一。本案中,赵某就一不小心落入了境外间谍情报机关布下的圈套,还好其迷途知返,在铸成大错前及时向国家安全机关自首。

国家安全人人有责,既需要人人参与,也必人人负责、人人尽责。《反间谍法》颁布实施以来,一批公民通过12339举报渠道提供了大量涉及间谍活动的可疑线索,不仅保护了自己,也为国家安全机关发现、制止和依法打击各类危害国家安全行为提供了有力支持和帮助。国家安全机关有关负责人表示,针对受欺骗、受胁迫从事间谍活动且能主动彻底交代问题、认罪悔罪的中国公民,国家安全机关坚持教育为主、惩治为辅,将进一步凝聚全社会维护国家安全的强大合力,为实现中华民族伟大复兴提供坚强保障。

12. 认清网络伪装背后的危害国家安全违法犯罪[①]

基本案情

韩某是新疆某地的一名普通基层公务员。2016年12月,韩某赴外地旅游期间,通过手机交友软件与当地一网友结识,相谈甚欢。回到家中后,韩某经常在网上向对方分享自己的生活,并不时抱怨自己的工资太低。对方随即向韩某介绍,称自己的堂哥陈某能够提供兼职,帮助其赚取外快。随后,陈某添加韩某为微信好友,并要求韩某提供当地的一些敏感信息,并承诺支付报酬。韩某应允后,陈某进一步以金钱为诱惑,指挥韩某搜集党政机关涉密文件。对方对韩某提供的文件资料极为重视,为确保安全,专门对韩某进行了间谍培训,教授其沟通联络、传递情报的具体手法,并派专

[①] 《国家安全机关公布一批危害国家安全典型案例》,载微信公众号"中央政法委长安剑",2023年4月14日。

人向韩某提供经费以及手机、SIM卡等通联工具。此时，韩某在已经明知对方系境外间谍情报机关人员的情况下，为获取高额报酬，仍铤而走险继续搜集提供涉密文件。案发后，人民法院审理查明，韩某先后向对方提供文件资料19份，其中机密级文件6份，秘密级文件8份，被鉴定为情报的资料5份，累计收取间谍经费12万余元。

裁判结果

2019年3月，韩某因犯间谍罪被判处有期徒刑11年6个月，剥夺政治权利4年，并处没收个人财产5万元人民币。

案例警示

再"精心"的策划和虚假的伪装，也无法掩盖危害国家安全违法犯罪行为的本质。国家安全机关提醒，互联网不是逃避法律责任的"飞地"，任何利用网络窃取国家秘密、制造传播谣言、危害国家安全的行为，都必将受到法律的严惩。清朗的网络空间需要依法治理，更需要我们每一个人的共同努力。

13. 境外非政府组织借故审核企业搜集危害国家安全信息[①]

基本案情

李某是广东深圳一家咨询公司的负责人,他所经营的公司主要为境外公司提供供应链风险审核服务。为获得更多为境外企业服务的机会,李某的公司与境外非政府组织开展了合作。合作过程中,李某慢慢发现,这个非政府组织的态度渐渐发生了变化,他们对中国企业的审核标准越来越细,特别是针对所谓"新疆劳工"等内容提出了新的审核要求。尽管李某已经发觉,该境外非政府组织积极搜集所谓新疆"人权问题"的信息,是为了炮制"强迫劳动"谎言,为西方反华势力操弄涉疆问题、实施涉疆制裁提供"背书",但为了追求经济利

---

① 《国家安全机关公布一批危害国家安全典型案例》,载微信公众号"中央政法委长安剑",2023年4月14日。

益，他们仍然承接执行了相关调查项目，给我国国家安全和利益带来了风险隐患。

处理结果

广东省国家安全机关依据《反间谍法》《反间谍法实施细则》《反间谍安全防范工作规定》对李某予以处罚，并责令其公司实施整改。

案例警示

近年来，一些背景复杂的境外非政府组织不断发展壮大，逐渐掌握了某些行业的国际准入标准。他们利用在行业内的特殊地位，对我国相关企业施加影响，对我国政治安全、经济安全，特别是产业链、供应链等重要领域造成了危害。与此同时，还有一些境外组织和人员，以"友善面孔"接近我国公民，以不易察觉的伪装实施危害国家安全行为，对传统安全和非传统安全均构成了严重威胁。

14. 警惕境外人员在海参养殖圈内安装的非法窃密设备[①]

基本案情

2019年8月,辽宁大连的海参养殖户张先生向国家安全机关举报称,两个月前,他的养殖场迎来了几名"不速之客"。黄某带领数名外籍人员,以"免费安装海水质量监测设备"为名,在张先生的海参养殖场安装了海洋水文监测设备和海空监控摄录设备。此后,张先生逐渐发现,水文监测设备的数据被源源不断地传输至境外,且很多数据与海参养殖并无关系,那些海空监控摄录设备对海参养殖更是毫无意义。张先生感觉情况可疑,便拨打12339向国家安全机关进行了举报。经鉴定,境外人员在我国海域非法安装的监测设备,观测范围涉及我国空中军事行动区域,可以对我国非开

[①] 《国家安全机关公布一批危害国家安全典型案例》,载微信公众号"中央政法委长安剑",2023年4月14日。

放海域潮汐、海流等重要敏感数据进行实时监测，对我国海洋权益及军事安全构成严重威胁。根据举报信息，辽宁省国家安全机关对黄某及数名外籍人员依法采取强制措施，并收缴了监测设备。黄某等人如实交代了非法窃取我国海洋水文数据和海空军事影像的违法犯罪事实。

案例警示

当前，传统安全和非传统安全威胁叠加交织，对国家安全工作提出了更高的要求。一些危害国家安全的违法犯罪行为更加隐蔽，企业和个人稍不注意就会被利用。国家安全机关提示，广大人民群众应增强国家安全意识，时刻提高警惕，一旦发现危害国家安全的可疑情况，及时拨打国家安全机关举报受理电话12339进行举报。国家安全人人有责，只有全民携手共进，才能筑起坚不可摧的国家安全人民防线。

15. 渔民捕捞发现境外间谍装置,主动报告可获奖励[1]

基本案情

王某是江苏盐城的一名渔民,他说不久前,他和船员们在近海捕鱼,起网时,发现渔网比平时要沉得多,起初他以为是大鱼,急忙加大了起网机的力度,可渔网出水后,一个体积庞大的黑色物体也在渔网当中。捞起来以后发现有个黑色的东西,上边带很先进的太阳能板,后边带螺旋桨,两边带翅膀。在海上捕鱼多年的王某,还是第一次捕捞到这样奇怪的东西,靠岸后,他第一时间报告给了当地渔政和国家安全部门,并把捕捞到的装置移交给国家某研究机构。

专家介绍,从外形上来看,此装置上面是一个船一样的东西,下面其实还有一部分,它

---

[1] 改编自微信公众号"中央政法委长安剑"2021年4月14日发布的典型案例。

由六个翼来组成,这两部分之间是通过一个脐带缆来连接的。非常明显的特征就是它后面还有一个螺旋桨。从外形上来判断,它实际上就是波浪滑翔机。这个波浪滑翔机搭载了非常多传感器,能够测量海洋的环境参数。两三块太阳能电池板,就能够让这些传感器长时间工作,在我国周边海域能够持续地工作、持续地搜集我国海洋环境信息,我们水下目标的隐蔽性就会受到威胁。这个无人潜航器并不是我国制造和使用的装备,可以确定是境外国家在我国海域秘密投放的窃密装置,性能先进,功能强大,能实现侦察和情报搜集任务。

这种波浪滑翔机是近几年来出现的一种新型海洋无人潜航器,由水面艇、挂缆、水下驱动单元三部分组成,通过波浪的起伏提供动力向前行进,再通过太阳能为仪器的数据采集、通信、定位等功能提供能量。目前,无人潜航器最大的用途在于监视、侦察等情报搜集工作,特别是搜集目标海域的水温、盐度、密度、海流及水下声场等与军事活动密切相关的海洋信息。

案例警示

境外间谍情报机关将海洋作为新战场,运用技术和人力等手段,大肆在我国沿海地区开展情报搜集活动。近年来,国家安全面临的国内外形势更加严峻复杂,维护国家安全的任务更加艰巨,海上安全防范是其中不可或缺的组成部分。随着国际局势日趋复杂多变,境外对我国沿海地区实施的间谍窃密活动屡见不鲜。

国家安全机关针对我国海洋领域的境外窃密敌情,切实加强技术建设,积极开展专项行动,采取先进技术手段持续开展反技术窃密工作,在南海等重点领域主动发现侦获了一批境外投放使用的特种窃密装置。

国家安全机关还坚持专群结合,持续向沿海渔民等群体开展国家安全宣传教育工作,定期组织国家安全知识培训,大力加强沿海区县防线组织建设,越来越多的渔民及时报告了捞获的海洋无人潜航器、技术监测窃密装置。

沿海地区群众如果发现类似物体,可以拨打国家安全机关举报受理电话12339进行举报,按照相关规定,有关部门对查证属实的举报情况和线索,将根据其重要程度给予举报人奖励。

16. 公民自觉主动举报危害国家安全线索免于处罚[①]

基本案情

在我国某重要军事基地周边,2021年1月至6月间,先后有4人主动向国家安全机关自首。其中2人是被他人"引荐"给境外间谍情报机关,另外2人是在使用某知名网络交友软件时被境外间谍情报机关实施了网络勾连。

吴某某,被朋友"引荐"给境外间谍情报机关后,按对方要求搜集了当地公告、交通管

---

① 《国家安全机关公布典型案例》,载微信公众号"中央政法委长安剑",2022年4月16日。

制信息等情况,并获取了对方给予的报酬。后来,因对方提出需要他想办法搜集"红头文件",他才意识到对方可能是间谍,于2021年1月拨打12339自首。

沈某某,是一名退役军人,退役后以开私家车载客为兼职。一名受雇于境外间谍情报机关,在我国境内开展工作的人员搭乘其私家车进行观测时,将沈某某"引荐"了给境外间谍。对方认为沈某某具备观测军事目标的条件,于是对他实施了勾连,并部署搜集情报的任务。后来,沈某某发觉对方要求拍照的地点都是敏感的军事基地周边,意识到对方可能是境外间谍,于2021年5月主动向国家安全机关自首。

陈某某,在使用某网络交友软件时被境外间谍勾连。他执行了对方布置的观测任务并收受了报酬,后在家人劝说下,于2021年1月拨打12339自首。

孙某某,在使用某交友软件时,被境外间

谍网络勾连。对方要求他查看当地部队发布的道路管制公告、录制军事目标视频。孙某某认为对方的行为与新闻报道中的间谍行为很吻合，于2021年6月向国家安全机关自首。

处理结果

鉴于4人主动向国家安全机关自首，且未造成实质性危害，当地国家安全机关依法免于处罚，没收其违法所得，并进行了教育训诫。

图书在版编目（CIP）数据

反间谍法学习百问百答 / 中国法制出版社编 .—北京：中国法制出版社，2023.5
ISBN 978-7-5216-3496-9

Ⅰ．①反… Ⅱ．①中… Ⅲ．①反间谍法-中国-问题解答　Ⅳ．①D922.145

中国国家版本馆 CIP 数据核字（2023）第 069452 号

| 责任编辑：秦智贤 | 封面设计：杨鑫宇 |

反间谍法学习百问百答
FANJIANDIEFA XUEXI BAIWEN BAIDA

经销/新华书店
印刷/三河市紫恒印装有限公司
开本/880 毫米×1230 毫米　64 开　　印张/2.25　字数/ 57 千
版次/2023 年 5 月第 1 版　　　　　2023 年 5 月第 1 次印刷

中国法制出版社出版
书号 ISBN 978-7-5216-3496-9　　　　定价：12.00 元

北京市西城区西便门西里甲 16 号西便门办公区
邮政编码：100053　　　　　　　　传真：010-63141600
网址：http：//www.zgfzs.com　编辑部电话：**010-63141798**
市场营销部电话：010-63141612　印务部电话：**010-63141606**

（如有印装质量问题，请与本社印务部联系。）

ISBN 978-7-5216-3496-9

定价：12.00元